독해력을 올리는

속담 이야기

일본어 독해

윤호숙 · 테라다 요헤이 공저

초급

다락원

독해력을 올리는 속담·야기
일본어 독해 초급

지은이 윤호숙, 테라다 요헤이(寺田庸平)
펴낸이 정규도
펴낸곳 (주)다락원

초판 1쇄 인쇄 2023년 2월 15일
초판 1쇄 발행 2023년 2월 28일

편집총괄 송화록
책임편집 김은경
디자인 장미연, 이승현

다락원 경기도 파주시 문발로 211
내용문의: (02)736-2031 내선 460~465
구입문의: (02)736-2031 내선 250~252
Fax: (02)732-2037
출판등록 1977년 9월 16일 제406-2008-000007호

값 14,000원

ISBN 978-89-277-1269-5 13730

http://www.darakwon.co.kr

• 다락원 홈페이지를 방문하시면 상세한 출판 정보와 함께 동영상강좌, MP3 자료
  등 다양한 어학 정보를 얻으실 수 있습니다.
• 다락원 홈페이지 또는 표지의 QR코드를 스캔하시면 MP3 파일 및 관련자료를
  다운로드 하실 수 있습니다.

머리말

  외국어를 배우고 익혀서 이를 통해 소통한다는 것은 궁극적으로 그 나라를 이해하기 위함이 가장 큰 목적이다. 우리가 일본어를 읽고, 쓰고, 말하기를 배우는 것도 일본의 전통, 종교, 사상, 문화, 생활 양식을 제대로 이해하는데 도움이 되기 때문이다. 일본과 일본인의 정신세계를 온전히 파악하고 이해하는 외국인이라면 일본 사람들과 원활한 관계를 가질 수 있다. 따라서 일본어 구사를 잘하는 것은 그만큼 그들 사회에 녹아 들어 더욱 깊숙하게 발 들여놓을 기회를 획득하게 되는 셈이다. 즉, 외국어를 배우는 사람들은 언어 구사 능력이 소통과 비례한다는 점을 절대 잊어서는 안 된다.

  속담은 예로부터 전해 내려오는 어구로, 쉽고 짧은 말로 되어 있다. 그 안에는 옛날 사람들의 생각과 지혜, 생활 모습이 담겨 있어 일상에 필요한 삶의 지혜와 교훈을 준다. 속담에는 생활 체험에서 나온 사회 상식을 나타낸 말이 많고 그 나라 사람들의 정신세계가 응축되어 있다는 점에서, 일본어를 배우는 사람이 일본 속담을 익히고 이해하는 것은 일본을 파악하고 일본 사람들과 소통할 때 매우 유용한 도구를 갖게 되는 것을 의미한다고 생각한다.

  이번에 출간된 '독해력을 올리는 속담 이야기 일본어 독해 초급'은 이런 취지에서 기획되고 출판하게 되었다. 본 교재를 통해서 한 단계 높은 일본어 독해 실력을 쌓을 수 있을 뿐만 아니라 일본 사회의 진수(眞髓)가 담겨 있는 일본 속담을 습득함으로써 일본어를 배우는 사람들이 일본 문화와 사회를 깊이 이해하고 일본 사람들과의 소통에 큰 도움이 될 수 있을 것으로 생각한다.

  본 교재에는 속담에 관한 여러 가지 에피소드가 가득 담겨 있다. 속담을 통해 일본어를 재미있게 배울 수 있는 계기가 되었으면 하며, 일본어를 배우는 사람에게 일본이나 일본 문화의 「新발견」으로 이어졌으면 좋겠다는 기대를 해 본다.

  본 교재가 완성되기까지 애써 주신 다락원의 송화록 이사님과 김은경 차장님, 그리고 출판부 관계자 여러분께 깊은 감사의 뜻을 전하는 바이다.

저자 일동

이 책의 구성과 특징

- 이 책은 일본어의 기초 학습을 마친 초급 레벨의 학습자를 대상으로 한 초급 독해 교재입니다.
- 15개의 일본 속담을 엄선하여 그 속담이 생겨나게 된 배경을 중심으로 내용이 구성되어 있습니다.
- 독해력 뿐만 아니라 일본 속담과 관련된 배경 및 지식까지 익힐 수 있습니다.
- JLPT N4·5 수준의 어휘와 문법·표현을 사용하여, 일본어시험을 준비하는 수험생에게도 독해 실력을 기르는 데 도움을 줄 수 있습니다.
- 총 15화로 이루어져 있으며, 독해문과 WORD, 문법 예문, COMIC의 음성은 QR코드를 통해 무료로 들으실 수 있습니다.
- 본문 읽기, 내용 체크, 확인 문제의 해석은 QR코드 또는 다락원 홈페이지(www.darakwon.co.kr)를 통해 무료로 다운로드 하실 수 있습니다.

본문 읽기

500~800자 정도의 길이로 속담이 생겨난 배경을 재미있게 풀어 구성했습니다. 읽기 뿐만 아니라 MP3 음성을 통해 청해실력도 기를 수 있습니다.

내용 체크

본문을 이해했는지 내용을 체크하는 문제입니다. 속담의 주제나 본문 내용을 찾아 직접 써 보며 체크합니다.

WORD

본문 읽기에서 나온 어휘 및 표현을 정리했습니다.
MP3 음성을 통해 단어의 뜻을 떠올리며 외워봅시다.

문법 알기

JLPT N4·5 수준의 문법을 독해문에서 뽑아 설명과 함께 예문을 실었습니다. 예문은 MP3 음성을 통해 복습할 수 있습니다.

확인 문제

독해문에서 다룬 어휘와 문법을 문제를 통해 복습할 수 있습니다. 문제는 되도록 일본어시험 문법파트에서 출제되는 형식으로 구성하였습니다.

COMIC

속담이 실제로 어떤 상황에서 쓰이는지 재미있는 4컷만화를 통해 쉽게 이해할 수 있습니다.

본문 읽기 해석 및 내용 체크 정답

본문 읽기의 해석은 교재의 부록과 QR코드를 통해 확인하실 수 있습니다.

확인 문제 정답

확인 문제의 정답은 부록에 실려 있으며, 해석은 QR코드를 통해 확인하실 수 있습니다.

목차 & 학습 포인트

제1화

개도 쏘다니면 몽둥이에 맞는다

犬も歩けば
棒にあたる

<small>いぬ</small>
<small>ある</small>
<small>ぼう</small>

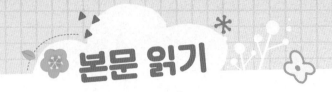

犬も歩けば棒にあたる

　犬がいる家では、散歩をするときに、首輪をしたり、ひもなどでつないだりしていることが多いです。しかし昔は、犬は外を自由に歩いていました。そんな犬を、人は棒でたたいて追い払っていました。このような話から、「犬も歩けば棒にあたる」ということわざができました。つまり、犬も外を歩けば人に棒でたたかれるという悪いことが起きることもあるのです。しかし、このことわざには、積極的に何かをしようとして、悪いことにあうという意味いがいに、目的もなく歩いていれば何かいいことにあうという意味もあります。

　これは、「あたる」と「棒」のもとの意味によります。「あたる」には、「とんできたものにあたる」という悪い意味と、「宝くじにあたる」といういい意味があるからです。また、「棒」には、ほそくて長い木や、くじ棒というおみくじで使う棒などがありますが、くじ棒には、「災難・悪い結果」と「幸運・いい結果」という二つの意味があります。最近では、このことわざを「災難・悪い結果」の悪い意味ではなく、「幸運・いい結果」でよく使っています。

　さて、「犬も歩けば棒にあたる」いがいにも、日本のことわざには、犬が出るものがたくさんあります。ほかにどんなものがあるかぜひ調べてみてください。

내용 체크

1   본문 내용과 맞는 것을 고르시오.

①   犬がいる家では、首輪をしない家が多い。

②   昔も今も、犬は外を自由に歩いている。

③   「あたる」には、「とんできたものにあたる」といういい意味がある。

④   最近では、このことわざをいい意味でよく使っている。

2   「犬も歩けば棒にあたる」の意味で알맞은 것을 고르시오.

①   積極的に何かをしようとして、悪いことにあうという意味

②   犬がひもでつながれているという意味

③   外でだれかにあうという意味

④   「幸運・いい結果」はないという意味

WORD

歩(ある)く 걷다
首輪(くびわ)をする 목줄을 하다
自由(じゆう)に 자유롭게
ことわざ 속담
積極的(せっきょくてき) 적극적
〜いがいに 〜이외에
とぶ 날다
ほそい 가늘다
おみくじ 길흉을 점치는 제비
〜ではなく 〜이 아니라

棒(ぼう) 몽둥이, 막대기
つなぐ 매다, 묶어 놓다
たたく 때리다, 치다
できる 생기다, 되다
〜にあう ①(어떤 일)을 당하다(겪다) ②〜을 만나다
もと 본래, 본디
もの 것, 물건
〜や〜など 〜나 〜등
災難(さいなん) 재난
さて 그런데

あたる ①맞다 ②당첨되다
こと 일, 것, 사항
追(お)い払(はら)う 내쫓다
つまり 결국, 다시 말하면
〜による 〜에 의하다
宝(たから)くじ 복권
くじ棒(ぼう) 제비를 뽑는 막대기
幸運(こううん) 행운
調(しら)べる 조사하다, 찾다

문법 알기 ✳

❶ ～たり～たりする   ~거나 ~거나 하다(~기도 하고 ~기도 하다)

동사의 た형에 접속하여 예를 들어 설명하거나 동시에 동작을 행하는 것을 나타낸다.

- きのう、友だちに会ったり、デパートで買いものをしたりしました。
  어제 친구를 만나기도 하고 백화점에서 쇼핑을 하기도 했습니다.

- 夏やすみに、おじいさんの家へ行ったり、海であそんだりしてたのしかったです。
  여름방학때 할아버지 댁에 가거나 바닷가에서 놀거나 해서 즐거웠습니다.

❷ ～ば   ~면

동사의 ば형, い형용사의 어간＋ければ, な형용사의 어간＋なら(ば)에 접속하여 가정, 조건,

필연적인 일을 나타낸다.

- 大学まで地下鉄に乗ればいいですよ。
  대학교까지 지하철을 타면 돼요.

- 天気がよければ、犬の散歩に行きます。
  날씨가 좋으면 개를 산책시키러 갑니다.

- 駅から遠くても静かならば大丈夫です。
  역에서 멀더라도 조용하다면 괜찮습니다.

❸ 동사의 수동형 ～(ら)れる   ~지다, ~되다

다른 외부요소에 의해서 동작이나 작용을 받게 되는 것을 말한다. 접속은 1그룹 동사는 어미 u대신

aれる, 2그룹 동사는 어간에 られる, 3그룹 동사 する는 される, くる는 こられる가 된다.

- 日本のマンガには、カタカナがよく使われます。
  일본 만화에는 가타카나가 자주 쓰입니다.

- 姉に、きのう買ってきたケーキを食べられた。
  언니가 어제 사 온 (내) 케이크를 먹었다.

④ 〜という   〜라고 (말)하는, 〜라는

듣는 사람이 모르는 사물, 사람, 장소 등을 인용할 때 사용한다.

- この山は、ふじ山という山です。
  이 산은 후지산이라는 산입니다.

- あの人は、田中さんという人です。
  저 사람은 다나카 씨라고 하는 사람입니다.

⑤ 〜(よ)うとする   〜하려고 하다

동사의 의지형에 접속하여 어떤 일을 하려고 하는 것을 나타낸다.

- あそびに行こうとしているとき、電話がなりました。
  놀러 가려고 하고 있을 때 전화가 울렸습니다.

- 妹のクッキーを食べようとして、妹に見つかった。
  여동생 쿠키를 먹으려고 하다가 여동생한테 들켰다.

⑥ 〜てくる   〜해 오다

동사의 て형에 접속하여 이동 상태, 순차적인 동작 등의 의미를 나타낸다.

- 今から図書館へ本をかえしに行ってきます。
  지금부터 도서관에 책을 반납하러 다녀오겠습니다.

- バスが来なかったので、学校まで歩いてきました。
  버스가 오지 않아서 학교까지 걸어왔습니다.

⑦ 〜から   〜때문에

동사, い·な형용사의 보통형에 접속하여 이유, 원인을 나타낸다.

- 暑いから、エアコンをつけてください。
  더우니까 에어컨을 켜 주세요.

- 明日友だちとあそびに行きますから、今日は早くねます。
  내일 친구와 놀러 가니까 오늘은 일찍 자겠습니다.

확인 문제

1 다음 괄호 안에 들어갈 말을 아래 보기에서 고르시오.

1 わからないことばの（　　　　　）をじしょで調べました。

2 父はビール（　　　　　）は、飲みません。

3 「犬も歩けば棒にあたる」を使って（　　　　　）に文を書いてください。

4 お正月に神社へ行って（　　　　　）を買いました。

> **보기**　　おみくじ　　自由　　いがい　　意味

2 다음 동사의 수동형을 쓰시오.

1 書く　➡ _____

2 読む　➡ _____

3 使う　➡ _____

4 食べる　➡ _____

5 する　➡ _____

6 来る　➡ _____

3 다음 괄호 안에 들어갈 알맞은 말을 고르시오.

1 「あたる」の意味は、「（　　　　）ものにあたる」ことです。

   A とびてきた　　　　B とんできた　　　　C とんだきた　　　　D とぶてきた

2 いつも、わたしが宿題を（　　　　）と、妹が部屋にはいってきます。

   A しようとする　　　B しようとして　　　C しようとしない　　D しようとした

3 あしたは雨がふる（　　　　）、家で映画を見ます。

   A のに　　　　　　　B から　　　　　　　C より　　　　　　　D まで

4 私の家にはサン（　　　　）名前の犬がいます。

   A として　　　　　　B とする　　　　　　C とは　　　　　　　D という

4 다음 ▨▨▨▨ 의 말을 이용하여 올바른 문장을 만드시오.

1 昔は、ほそい木で追い払いました。棒でたたきました。 ～たり～たりする

  ➜ _____ 。

2 兄がジュースを飲みました。 ～に～（ら）れる

  ➜ _____ 。

3 母の車を使います。母におこられました。 ～（よ）うとして

  ➜ _____ 。

4 今日の午後、時間があります。本屋に行きます。 ～ば

  ➜ _____ 。

COMIC

제2화

벽에는 귀가 있고 장지에는 눈이 있다

| か | べ | に | 耳
^{みみ} | あ | り |
| 障
^{しょう} | 子
^じ | に | 目
^め | あ | り |

かべに耳あり障子に目あり

　みなさんは、友だちとだれかのないしょ話をしていたときに、急にその人が部屋に入ってきて「だれの話をしてた？」と言ったのでおどろいたことはありませんか。こういうときに使うことわざが、「かべに耳あり障子に目あり」です。このことわざには、どこかでだれかが話を聞いていたり、見ていたりするかもしれないから、注意しないといけないという意味があります。

　このことわざは、日本の家ととてもふかい関係があります。伝統的な日本の家では、ふすまと障子に木と紙を使っています。ふすまは、かべのかわりに部屋と部屋をわけています。それから障子は、白くてうすい紙を使って、外から光を部屋に入れることができるようになっています。このように、ふすまと障子が木と紙でできているのは、日本には山が多く、木が近くにたくさんあるからです。そんな紙と木で作られている日本の家では、話している声がとなりの部屋にいる人に聞こえやすいのです。

　このような日本の家のとくちょうを上手に使って活動していたのが忍者でした。彼らはだれにも気づかれないように部屋に入り、ふすまに耳をあてて話を聞いていました。また、障子にこっそり穴をあけ、そこから中の様子を見て、いろいろなことを調べていたのです。

　もしかしたら、となりの部屋でだれかが、あなたの話をこっそり聞いているかもしれません。ないしょ話やひみつの話をするときには、注意して話すようにしましょう。

내용 체크

1 「かべに耳あり障子に目あり」의 의미로 알맞은 것을 고르시오.

① ないしょ話をしていると、だれかが入ってくるという意味

② だれかが話を聞いたり、見たりするから、注意したほうがいいという意味

③ ふすまと障子は外から光が部屋に入ってくるという意味

④ 話している人の声がとなりの部屋にいる人に聞こえやすいという意味

2 다음 ( ) 안에 들어갈 말을 본문에서 찾아 쓰시오.

忍者はだれにも（① ）ように部屋に入り、ふすまに（② ）
話を聞いていました。また障子に穴をあけて、そこから（③ ）、
いろいろなことを（④ ）。

かべ 벽	障子(しょうじ) 장지, 미닫이(문)	ないしょ話(ばなし) 은밀한 이야기
急(きゅう)に 갑자기	部屋(へや) 방	入(はい)る 들어가다, 들어오다
おどろく 놀라다	こういう 이러한, 이런	注意(ちゅうい) 주의
ふかい 깊다	関係(かんけい) 관계	伝統的(でんとうてき) 전통적
ふすま 맹장지	紙(かみ) 종이	～かわりに ～대신에
わける 나누다, 구분하다	うすい 얇다, 연하다	入(い)れる 넣다, 들어가게 하다
近(ちか)く 근처	聞(き)こえる 들리다	とくちょう 특징
上手(じょうず) 능숙함, 솜씨가 좋음	活動(かつどう) 활동	気(き)づく 깨닫다, 눈치 채다
あてる 대다, 얹다	こっそり 살짝, 몰래	穴(あな)をあける 구멍을 내다
様子(ようす) 모양, 상태	もしかしたら 어쩌면	ひみつ 비밀

문법 알기 ✳

① **〜ので** ~때문에, ~이므로

동사·い형용사의 보통형+ので, 명사·な형용사의 어간+なので의 형태로, 앞의 일이 이유·원인이

되어 뒷 일이 발생함을 나타낸다.

- 今日は早く起きたので、家の近くを散歩しました。
  오늘은 일찍 일어났기 때문에 집 근처를 산책했습니다.

- このカーテンはとてもうすいので、光をたくさん入れることができます。
  이 커튼은 아주 얇아서, 빛을 많이 들어오게 할 수 있습니다.

② **〜かもしれない** ~할지도 모른다

동사·い형용사의 보통형, 명사·な형용사의 어간에 접속하며, 어떤 일에 대해 가능성은 있으나

단정짓는 것은 어려울 때 쓴다.

- 弟は今、部屋で音楽を聞いているかもしれない。
  남동생은 지금 방에서 음악을 듣고 있을지도 모른다.

- 日曜日に、デパートへ買いものに行くかもしれません。
  일요일에 백화점으로 쇼핑하러 갈지도 모릅니다.

③ **〜ないといけない** ~하지 않으면 안 된다, ~해야 한다

「동사의 ない형+と(가정)+いけない」의 형태로 '~해야 한다'는 당위성을 나타낸다. 같은 의미로

〜なければいけない, 〜なければならない 등이 있다.

- 毎日、犬の散歩をしないといけない。
  매일 개를 산책시키지 않으면 안 된다.

- あなたに1000円をかえさなければいけません。
  당신에게 1000엔을 갚아야 합니다.

④ **〜ことができる** ~할 수 있다

동사의 사전형에 접속하여 능력과 가능의 의미를 나타낸다.

- 兄は、花の絵を上手にかくことができます。
  오빠는 꽃 그림을 잘 그릴 수 있습니다.

- このくつはどこで買うことができますか。
  이 구두는 어디에서 살 수 있습니까?

5 **〜ようになっている**　~하게 되어 있다

동사의 사전형에 접속하여 사물의 상태나 구조 등을 나타낸다. 비슷한 표현인 〜ようにしている

(~하도록 노력하고 있다)는 뭔가 목표를 이루기 위해 어떤 일을 할 때 쓰는 표현이다.

- この部屋からは、海が見える**ようになっている**。
  이 방에서는 바다가 보이게 되어 있다.
- 私は、毎日運動する**ようにしています**。
  나는 매일 운동하도록 하고 있습니다.

6 **〜やすい**　~하기 쉽다

동사의 ます형에 접속하여 '~하는 것이 간단하다' '간단히 ~한 상태가 되다'라는 의미이다.

- このボールペンは、とても書き**やすい**です。
  이 볼펜은 아주 쓰기 쉽습니다.
- 日本のアパートはかべがうすいので、となりの部屋の人の声が聞こえ**やすい**です。
  일본의 연립주택은 벽이 얇기 때문에, 옆방 사람의 목소리가 들리기 쉽습니다.

7 **〜ように／〜ないように**　~하도록/~하지 않도록

동사의 사전형이나 ない형에 접속하여 목표 달성, 충고나 주의, 기원 등의 의미를 나타낸다.

- 明日までレポートを書いてくる**ように**先生が言いました。
  내일까지 리포트를 써 오도록 선생님이 말했습니다.
- 私はあまりおかしを食べ**ないように**気をつけています。
  나는 과자를 너무 먹지 않도록 조심하고 있습니다.

8 **〜ようにする**　~하도록 (노력)하다

동사의 사전형에 접속하여 '~하도록 (노력)하다' '열심히 ~하다'란 의미를 나타낸다. 비슷한 표현

〜ようになる(~하게 되다)는 '사태가 변화하여 점차 ~되다'라는 상태변화를 나타낸다.

- 家を早く出て、約束の時間にまにあう**ようにします**。
  집을 빨리 나서서 약속 시간에 맞출 수 있도록 하겠습니다.
- 日本のことわざの意味が、少しわかる**ようになりました**。
  일본 속담의 의미를 조금 알 수 있게 되었습니다.

확인 문제

1 다음 괄호 안에 들어갈 단어를 아래 보기에서 고르시오.

1 私の（　　　　　）となりの部屋に行ってきてください。

2 忍者は、（　　　　　）をあけて中の様子を見ていました。

3 午後から（　　　　　）雨がふりました。

4 父は、うどんにたまごを（　　　　　）。

보기　　入れる　　かわりに　　急に　　穴

2 괄호 안에 들어갈 말로 알맞은 것을 고르시오.

1 この人形はとてもかわいかった（　　　　　）買いました。

　A のに　　　　　B ので　　　　　C のが　　　　　D のを

2 かばんをわすれない（　　　　）してくださいね。

　A そうに　　　　B はずに　　　　C ことに　　　　D ように

3 今夜おじさんが（　　　　　）かもしれないから、早く家に帰ります。

　A きた　　　　　B きて　　　　　C くる　　　　　D きます

4 となりの部屋に聞こえますから、小さい声で（　　　　　）といけない。

　A 話す　　　　　B 話します　　　　C 話そう　　　　D 話さない

3 _____★_____ 안에 들어갈 말로 알맞은 것을 고르시오.

1 1週間に1回は、部屋の _____ _____★_____ _____。

　　A します　　　　　B そうじを　　　　　C ように　　　　　D する

2 この本でことわざを _____ _____★_____ _____。

　　A できます　　　　B こと　　　　　　　C 勉強する　　　　 D が

3 お金を入れると _____ _____★_____ _____ _____ います。

　　A ジュースが　　　B ように　　　　　　C 出る　　　　　　 D なって

4 _____ _____ _____★_____ _____ やすいです。

　　A 大きい　　　　　B 字が　　　　　　　C と　　　　　　　 D 読み

4 다음 ░░░░░ 의 말을 이용하여 올바른 문장을 만드시오.

1 毎朝、7時に起きます。 ～ようにしている

　➡ _____。

2 あなたは、パクさんの話を聞いておどろきます。 ～かもしれない

　➡ _____。

3 ふとりますから、おかしを食べません。 ～ようにする

　➡ _____。

4 明日は朝早く授業がありますから、今日は早くねます。 ～ないといけない

　➡ _____。

COMIC

26

제3화

고보도 붓 실수

弘法も

筆のあやまり

こう ぼう

ふで

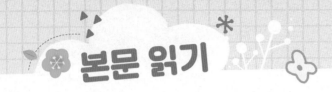

弘法も筆のあやまり

みなさんは、野球やサッカーなどで、世界的に有名なプロ選手が失敗をしたのを見たことがありますか。日本には、このようにまわりがみとめるような何かが上手な人が、失敗したときに使うことわざがあります。「弘法も筆のあやまり」ということわざで、上手な人でも失敗することがあるという意味です。「さるも木からおちる」もおなじ意味ですが、年上の人などをさるにしてしまったら失礼なので使ってはいけません。

「弘法も筆のあやまり」の「弘法」とは、「弘法大師」のことです。平安時代の人で、字を書くことがとても上手でした。ある日、天皇が弘法大師をみやこに呼び、みやこに作った門に「応天門」という字を書くように言いました。弘法はすばらしい字を書きました。門ができた日に、弘法大師の字を見るために多くの人たちがあつまってきました。みんなは、すばらしい字を見て、さすが弘法大師だと言いました。ところが、「応」という漢字の「广（まだれ）」にあるさいしょの点がありませんでした。そのことに気がついた弘法大師は、筆をなげて点を書きました。それを見た人たちが、いくら字が上手な弘法大師でも、まちがえることがあるのだと話しました。この話から、「弘法も筆のあやまり」ということわざが生まれました。

弘法大師のような人も、まちがえてしまうことがあります。そんなときは、「弘法も筆のあやまり」と言って、なぐさめてあげてくださいね。

1 「弘法も筆のあやまり」의 의미로 알맞은 것을 고르시오.

① 野球やサッカーのプロ選手がうまくできているという意味

② まわりがみとめるような何かが上手な人という意味

③ いくら上手な人でも失敗することがあるという意味

④ 人が木からおちたという意味

2 본문의 내용에 맞는 것은 ○, 맞지 않는 것은 X를 쓰시오.

① (　　　) 弘法大師は、平安時代の字がとても上手な人でした。

② (　　　) 弘法大師は、「天」という字をまちがえました。

③ (　　　) 人々は、弘法大師の字を見るためにあつまってきました。

④ (　　　) 字をまちがえた弘法大師を天皇がなぐさめてあげました。

WORD

筆(ふで) 붓
プロ選手(せんしゅ) 프로 선수
みとめる 인정하다, 알아차리다
おなじ 같은
字(じ) 글자, 글씨
呼(よ)ぶ 부르다
あつまる 모이다
さいしょ 최초, 맨 처음
なげる 던지다
生(う)まれる ①태어나다 ②새로 생기다

あやまり 잘못, 실수
失敗(しっぱい) 실패, 실수
上手(じょうず)な 잘하는, 능숙한
年上(としうえ) 연상
天皇(てんのう) 천황
すばらしい 훌륭하다, 근사하다
さすが 과연, 역시
点(てん) 점
いくら～でも 아무리 ～라도
なぐさめる 위로하다

世界的(せかいてき) 세계적
まわり 둘레, 주위
おちる 떨어지다
失礼(しつれい) 실례
みやこ 수도, 도읍지
できる 완성되다, 생기다
ところが 그런데, 그러나
気(き)がつく 깨닫다, 알아차리다
まちがえる 틀리다, 실수하다

문법 알기 ✱

① **명사로 만드는 の** ~것

동사의 사전형에 접속하여 문 전체나 어구를 명사로서 기능하게 한다.

・ 昨日、サッカー選手が歩いているのを見ました。
어제 축구 선수가 걷고 있는 것을 보았습니다.

・ となりの部屋でだれかがないしょ話しているのが聞こえた。
옆방에서 누군가가 은밀한 이야기를 하고 있는 것이 들렸다.

② **~たことがある** ~한 적이 있다

동사의 た형에 접속하여 과거의 경험이나 이미 발생한 것을 나타낸다.

・ 私のそふは、宝くじをあてたことがあります。
우리 할아버지는 복권에 당첨된 적이 있습니다.

・ 私の兄は、アメリカの大学で勉強したことがあります。
우리 형은 미국 대학에서 공부한 적이 있습니다.

③ **~てしまう** ~해 버리다, ~하고 말다

동사의 て형에 접속하여 완료와 후회의 의미를 나타낸다.

・ ジョンさんは、約束の時間をまちがえてしまいました。
존 씨는 약속시간을 틀리고 말았습니다.

・ あまり勉強しなかったので、試験におちてしまいました。
별로 공부하지 않아서 시험에 떨어져 버렸습니다.

④ **~たら** ①~면〈가정〉 ②~했더니〈발견〉

동사의 た형에 접속하여 가정이나 발견의 의미를 나타낸다.

・ 明日の朝、早く起きたら、いいことがあるかもしれないよ。
내일 아침 일찍 일어나면 좋은 일이 있을지도 몰라.

・ 自分の部屋に入ったら、妹がマンガを読んでいた。
내 방에 들어갔더니, 여동생이 만화를 읽고 있었다.

❺ ～てはいけない ~해서는(하면) 안 된다

동사의 て형에 접속하여 어떤 행동의 금지를 나타낸다.

- 図書館では、大きい声で話してはいけない。
  도서관에서는 큰 소리로 이야기해서는 안 된다.

- ここで写真をとってはいけません。
  여기에서 사진을 찍으면 안 됩니다.

❻ ～ように言う ~하도록 (말)하다

동사의 사전형에 접속하여 명령이나 의뢰, 주의의 의미를 나타낸다.

- 昨日、父がこの本を買ってくるように言いました。
  어제 아버지가 이 책을 사오도록 말했습니다.

- 母はいつも車に気をつけるように言っています。
  어머니는 항상 차를 조심하라고 합니다.

❼ ～てあげる ~해 주다

동사의 て형에 접속하여 동작을 하는 사람이 타인에게 그 동작을 해 주는 의미를 나타낸다.

- キムさんに平安時代のことをおしえてあげました。
  김OO 씨에게 헤이안 시대에 대해 가르쳐 주었습니다.

- 山田さんが佐藤さんをパーティーに呼んであげました。
  야마다 씨가 사토 씨를 파티에 불러 주었습니다.

확인 문제

1 다음 괄호 안에 들어갈 말을 아래 보기에서 고르시오.

1 年上の人に「さるも木からおちる」というのは（　　　　）です。

2 子どもが泣いているので、（　　　　）。

3 チェさんの絵はとても（　　　　）です。

4 （　　　　）字が上手な人でもまちがえることがある。

> **보기**　　すばらしい　　いくら　　なぐさめる　　失礼

2 괄호 안에 들어갈 말로 알맞은 것을 고르시오.

1 さるが木からおちて（　　　　）。

　A しまいました　　B きました　　　　C おきました　　　D いきました

2 天皇が門に字を書く（　　　　）言いました。

　A ことに　　　　B はずに　　　　C ように　　　　D そうに

3 子どもが（　　　　）いろいろなところに行きたいです。

　A 生まれて　　　B 生まれたり　　C 生まれては　　D 生まれたら

4 宿題がおわるまで、部屋の外に（　　　　）いけません。

　A 出ては　　　　B 出る　　　　C 出ない　　　D 出よう

③ 다음 각 단어를 순서에 맞게 올바른 문장으로 만드시오.

1　出てくる／お店／から／を／の／見ました

　→ユンさんが ＿＿＿＿＿＿＿＿＿＿＿＿＿＿＿＿＿＿＿＿＿＿＿＿＿＿＿ 。

2　宿題を／弟 の／あげました／見て

　→ ＿＿＿＿＿＿＿＿＿＿＿＿＿＿＿＿＿＿＿＿＿＿＿＿＿＿＿＿＿＿＿ 。

3　いたら／木に／散歩をして／あたりました

　→ ＿＿＿＿＿＿＿＿＿＿＿＿＿＿＿＿＿＿＿＿＿＿＿＿＿＿＿＿＿＿＿ 。

4　弘法大師の／こと／話を／が／聞いた

　→ ＿＿＿＿＿＿＿＿＿＿＿＿＿＿＿＿＿＿＿＿＿＿＿＿＿＿ ありますか。

④ 다음 ＿＿＿＿＿ 의 말을 이용하여 올바른 문장을 만드시오.

1　おそくまで外であそびます。　～てはいけない

　→ ＿＿＿＿＿＿＿＿＿＿＿＿＿＿＿＿＿＿＿＿＿＿＿＿＿＿＿＿＿＿＿ 。

2　あの人には、昔会いました。　～たことがある

　→ ＿＿＿＿＿＿＿＿＿＿＿＿＿＿＿＿＿＿＿＿＿＿＿＿＿＿＿＿＿＿＿ 。

3　犬の名前を呼びます。気がついて走ってきます。　～たら

　→ ＿＿＿＿＿＿＿＿＿＿＿＿＿＿＿＿＿＿＿＿＿＿＿＿＿＿＿＿＿＿＿ 。

4　昨日の夜、お酒をたくさん飲みました。　～てしまう

　→ ＿＿＿＿＿＿＿＿＿＿＿＿＿＿＿＿＿＿＿＿＿＿＿＿＿＿＿＿＿＿＿ 。

COMIC

야마다군, 칠판에 태평양을
한자로 써주세요.
山田くん、こくばんに「たいへいよう」
を漢字で書いてください。

네~
は〜い

태평양, 태평양…
たいへいよう、
たいへいよう…

平洋

두둥

犬平洋

선생님, 다 썼어요.
先生、書きおわりました。

푸하하하하하하

괘...괜찮아요.
원숭이도 나무에서 떨어지니까요.
다, 다이죠부데스요.
弘法も筆のあやまりですから。

犬丈夫

 **WORD**

こくばん 칠판 太平洋(たいへいよう) 태평양 書(か)く 쓰다 ～てください ～해 주세요

동사의 ます형+おわる 다 ～하다 大丈夫(だいじょうぶ)だ 괜찮다 ～から ～니까

제4화

모르는 게 부처님

知らぬが仏

知らぬが仏

　みなさんは、『つるの恩がえし』という昔話を聞いたことがありますか。まず『つるの恩がえし』をかんたんに紹介しましょう。

　ある日、男がつるをたすけてあげました。そのつるが、むすめになってたすけてくれた男に恩をかえすために、男の家に来ました。むすめは、男のためにうつくしいぬのを作りました。そして、男はそれを町で売りました。その後、男はお金持ちになりました。ところで、むすめはぬのを作るときはかならず、「絶対に部屋の中を見ないでください」と言い、三日三晩ぬのを作りつづけました。むすめのことが気になった男は、ある日部屋の中を見てしまいました。そこでつるがぬのを作っていました。男が見ていることに気がついたむすめは、男といっしょに住むことができないと言いながら、つるになってとんで行ってしまいました。

　この話では、男がむすめがつるだということを知ったので、いっしょに住むことができなくなってしまいました。もし、そのことを知らなかったら、男はむすめと長くしあわせにいることができたかもしれません。つまり、知らないほうがいいことを知ってしまい、かなしい気持ちになったのです。ですから「知らぬが仏」なのです。

　韓国では「知らぬが仏」とおなじ意味で「知らぬが薬」ということわざがありますが、どうして「薬」なのでしょうか。一度調べてみてはどうですか。

내용 체크

1. 『つるの恩がえし』의 내용으로 올바른 것을 고르시오.

① つるをたすけてくれたむすめに恩をかえすために家に来ました。

② むすめが作ったぬのを男が町で売ってお金持ちになりました。

③ むすめは、ぬのを作るとき、部屋の中を見てもいいと言いました。

④ 男は、三日三晩ぬのを作りつづけました。

2. 「知らぬが仏」의 의미로 알맞은 것을 고르시오.

① ひみつを知ったのでいっしょに住むことができるという意味

② 長くしあわせにいることができるという意味

③ 知らないほうがいいという意味

④ みんなが知っていることを自分も仏も知っているという意味

知(し)らぬ 모르다, 모르는
恩(おん)がえし 은혜 갚음, 보은
かんたんに 간단히, 쉽게
むすめ 딸, 아가씨)
うつくしい 아름답다
売(う)る 팔다
かならず 반드시, 꼭
気(き)になる 마음에 걸리다, 걱정이 되다
もし 만약, 만일
気持(きも)ち 마음, 기분
一度(いちど) 한번〈시도〉

仏(ほとけ) 부처(님)
昔話(むかしばなし) 옛날이야기
紹介(しょうかい) 소개
恩(おん) 은혜
ぬの 직물의 총칭, 천
お金持(かねも)ち 부자
絶対(ぜったい)に 절대로, 무조건
住(す)む 살다
しあわせに 행복하게
薬(くすり) 약

つる 학
まず 우선, 맨 먼저
たすける 돕다, 살리다
かえす 갚다, 돌려주다
町(まち) 마을, 읍내
ところで 그런데〈화제 전환〉
三日三晩(みっかみばん) 삼일 밤낮
〜ことができる 〜할 수 있다
かなしい 슬프다
どうして 어떻게, 어째서, 왜

❶ ~てくれる   ~해 주다

동사의 て형에 접속하여 다른 사람이, 말하는 사람 또는 말하는 사람과 가까운 사람에게 어떤

동작을 해줄 때 사용한다.

· 中田さんが私にケーキを作ってくれました。

나카타 씨가 나에게 케이크를 만들어 주었습니다.

· おじが妹に新しいパソコンを買ってくれました。

삼촌이 여동생에게 새 컴퓨터를 사 주었습니다.

❷ ~ために   ~하기 위해

동사의 사전형에 접속하여 목적이나 의도를 나타낸다.

· 日本の会社ではたらくために、日本語の勉強をしています。

일본 회사에서 일하기 위해 일본어 공부를 하고 있습니다.

· 薬を買うために、町へ行きました。

약을 사기 위해 시내에 갔습니다.

❸ ~ないでください   ~하지 마세요

동사의 ない형에 접속하여 무언가를 하지 않도록 지시하는 표현이다.

· 9時からはじまりますから、まちがえないでください。

9시부터 시작되니까 틀리지 마세요.

· このとけいは、とても大切なものですから、売らないでください。

이 시계는 매우 소중한 것이니 팔지 마세요.

❹ ~つづける   계속 ~하다

동사의 ます형에 접속하여 동작이나 습관이 계속되는 것을 나타낸다.

· その飛行機は、12時間とびつづけました。

그 비행기는 12시간 계속 날았습니다.

· あの野球選手は、昨日のしあいで9回までなげつづけました。

그 야구 선수는 어제 시합에서 9회까지 계속 던졌습니다.

⑤ ～ながら ~하면서

동사의 ます형에 접속하여 두 개의 행위를 동시에 하는 것을 나타낸다.

- ジュースを飲みながら、映画を見ます。
  주스를 마시면서 영화를 봅니다.

- アルバイトをしながら、大学で勉強します。
  아르바이트를 하면서 대학에서 공부합니다.

⑥ ～くなる ~해지다

い형용사의 어간에 접속하여 사물의 상태와 성질이 자연스럽게 변화하는 것을 나타낸다.

- このなべは、とても使いやすくなりました。
  이 냄비는 아주 사용하기 쉬워졌습니다.

- 最近、父は仕事が多くて、帰りがおそくなりました。
  최근에 아버지는 일이 많아서 귀가가 늦어졌습니다.

⑦ ～ほうがいい ~하는 편이 좋다(낫다)

보통 동사의 た형이나 ない형에 접속하여 상대방에게 조언과 충고를 하는 표현이다. 동사의 기본형에 붙는 경우도 있다.

- 先生の話はちゃんと聞いたほうがいいです。
  선생님의 이야기는 잘 듣는 편이 좋습니다.

- 人が多くあつまるところには、行かないほうがいいです。
  사람이 많이 모이는 곳에는 가지 않는 편이 좋습니다.

⑧ ～てみる ~해 보다〈시도〉

동사의 て형에 접속하여 실제로 행동해서 확인하는 것을 나타낸다.

- このあいだ、はじめて新幹線に乗ってみました。
  요전에 처음으로 신칸센을 타 보았습니다.

- 友だちがおしえてくれた店でラーメンを食べてみました。
  친구가 알려 준 가게에서 라면을 먹어 보았습니다.

1 다음 괄호 안에 들어갈 말로 알맞은 것을 아래 보기에서 고르시오.

1 今日は運動をしなかったので、明日は（　　　　　）運動します。

2 飛行機に乗れば、（　　　　　）に東京へ行くことができます。

3 大山さんの書いた本を（　　　　　）読んだことがあります。

4 私のむすめを（　　　　　）します。

> **보기**　　かんたん　　紹介　　一度　　かならず

2 괄호 안에 들어갈 말로 알맞은 것을 고르시오.

1 となりの部屋の人が、りんごをわけて（　　　　　）。

　A くれました　　　B あげました　　　C もらいました　　　D ありました

2 今日は一日中、山を歩き（　　　　　）ました。

　A つづき　　　B つづけ　　　C つづか　　　D つづこう

3 けいたいを（　　　　　）歩く人がたくさんいます。

　A 見る　　　B 見よう　　　C 見ます　　　D 見ながら

4 『つるの恩がえし』の男の気持ちに（　　　　　）みた。

　A なる　　　B なって　　　C なり　　　D なろう

3 _____ ★ _____ 안에 들어갈 말로 알맞은 것을 고르시오.

1 新しい _____ _____ ★ _____ 。

   A ために   B 車を   C はたらきます   D 買う

2 もう夜ですから、 _____ _____ ★ _____ 。

   A 話さないで   B 大きい   C ください   D 声で

3 大山さんが、 _____ ★ _____ _____ 。

   A くれました   B 宿題を   C 私の   D てつだって

4 _____ _____ ★ _____ です。

   A 住まない   B ここには   C いい   D ほうが

4 다음 ▨▨▨▨ 의 말을 이용하여 올바른 문장을 만드시오.

1 ぬのを売ります。町へ行きます。 ～ために

   ➜ _____ 。

2 その歌手は、3時間も歌を歌いました。 ～つづける

   ➜ _____ 。

3 最近、本田さんはとてもうつくしいです。 ～くなる

   ➜ _____ 。

4 林さんは音楽を聞きます。レポートを書いています。 ～ながら

   ➜ _____ 。

COMIC

제5화

선반에서 떨어진 떡

<ruby>棚<rt>たな</rt></ruby>から

ぼたもち

棚からぼたもち
たな

　日本のおかしに、「ぼたもち」というものがあります。このぼたもちは、ぼたん
にほん
という花のかたちに作られたので、この名前になったらしいです。そして、ぼたも
はな　　　　　　　つく　　　　　　　　　　　　　　なまえ
ちは毎日食べるのではなく、きまったときにしか食べることができなかったごちそ
まいにち た　　　　　　　　　　　　　　　　　　　　　　た
うでした。

　ぼたもちは、もちとあんこで作りますが、それぞれには意味があります。まず、
つく　　　　　　　　　　　　　　いみ
もちは、お正月やおいわいのときに、おぞうにのようにして食べます。日本では、
しょうがつ　　　　　　　　　　　　　　　　　　　　　　た　　　にほん
平安時代のころに、おいわいの食べもので、天皇のようなとくべつな人たちなどが
へいあんじだい　　　　　　　　　た　　　　　てんのう　　　　　　　　ひと
もちを食べていました。つぎに、あんこはあずきという小さい赤いまめで作るあま
た　　　　　　　　　　　　　　　　　　　　　　ちい　　あか　　　　　つく
い食べもののことです。あんこで使うあずきは、昔から悪いものを追い払うと言わ
た　　　　　　　　　　　つか　　　　　　むかし　わる　　　　おはら　　　い
れています。そのため、健康をいわう行事などで、あんこを使ったぼたもちのよう
けんこう　　　　ぎょうじ　　　　　　　　　　つか
なものを作って食べていたのです。

　ところで、「棚からぼたもち」は、棚の下でねていたら、ぼたもちが棚からおち
たな　　　　　　　　　　たな　した
てきて、口の中に入ったという昔話から生まれました。つまり、想像していなかっ
くち　なか　はい　　　　　　むかしばなし　う　　　　　　　　　　　そうぞう
た幸運にあうという意味があります。みなさんは、家族や友だちに買ってもらった
こううん　　　　　　　いみ　　　　　　　　　　かぞく　とも　　　か
宝くじがあたったことはありませんか。こういうときに、「棚からぼたもち」を使
たから　　　　　　　　　　　　　　　　　　　　　　　　たな　　　　　　つか
ってもいいですが、なかなか棚からぼたもちはおちてこないですよね。
たな

내용 체크

1 「棚からぼたもち」가 내포한 의미로 알맞은 것을 고르시오.

① ぼたもちが棚に入っていたという意味

② 想像していなかった幸運にあうという意味

③ 家族や友だちに宝くじを買ってもらったという意味

④ ぼたもちが棚からおちてきて口に入ったという意味

2 (　　　　) 안에 들어갈 말을 본문에서 찾아 쓰시오.

もちは、(①　　　　) やおいわいのときに (②　　　　) のようにして食べます。

あんこは、(③　　　　) という小さい赤いまめで作るあまい食べものです。

あんこで使う (③　　　　) は、昔から (④　　　　) を (⑤　　　　) と言われています。

문법 알기 *

① ～らしい　~라는 것 같다

명사·な형용사의 어간, 동사·い형용사의 보통형에 접속하여, 보거나 들은 정보로 판단하여 추측하는 것을 나타낸다.

- ジョンさんは、昨日遅くまで起きていたので、まだねむいらしいです。
  정OO 씨는 어제 늦게까지 깨어 있었기 때문에 아직 졸린 것 같습니다.

- この部屋の声が、となりの部屋に聞こえているらしいです。
  이 방의 소리가 옆방에 들리는 것 같습니다.

② ～しか～ない　~밖에 ~않다

명사(+조사)에 접속하여 부정표현과 함께 '오직 그것뿐임'을 강조할 때 사용한다.

- この本屋は5時までしかやっていない。
  이 서점은 5시까지밖에 하지 않는다.

- 日本語でわからないところは先生にしか聞けません。
  일본어로 모르는 부분은 선생님한테밖에 물어볼 수가 없습니다.

③ ～で　~로

수단, 재료, 방법, 도구의 의미를 나타내는 조사이다.

- 障子は、木とうすい紙で作られています。
  장지(미닫이문)는 나무와 얇은 종이로 만들어져 있습니다.

- 家から学校まで自転車で来ました。
  집에서 학교까지 자전거로 왔습니다.

④ ～のことだ　~를 말한다, ~에 대해서이다

사람이나 사물 명사에 접속하여 그 사람과 사물에 관련된 사항을 나타낸다.

- あんこは、あずきを使ったあまい食べもののことです。
  팥소는 팥을 사용한 단 음식을 말합니다.

- 忍者は、こっそりといろいろなことを調べていた人のことです。
  닌자는 남몰래 여러 가지를 조사했던 사람을 말합니다.

⑤ (〜に/から)〜てもらう　(〜에게)〜해 받다, (〜가)〜해 주다

보통 (〜に/から)〜てもらう의 형태로 동사의 て형에 접속한다. 다른 사람에게서 어떤 혜택이 되는 동작의 영향을 받게 될 때 사용하며, 〜が〜てくれる로 바꿔쓸 수 있다.

- おばさんにふくを買ってもらいました。(=おばさんがふくを買ってくれました)
  숙모가 옷을 사 주었습니다.

- 兄に漢字をおしえてもらいました。（＝兄が漢字をおしえてくれました）
  형이 한자를 가르쳐 주었습니다.

⑥ 〜てもいい　〜해도 된다

동사의 て형에 접속하여 허가, 가능, 제안, 양보의 의미를 나타낸다.

- このぼたもちを食べてもいいですか。
  이 보타모치를 먹어도 됩니까?

- 明日はやすみですから、家でゆっくり音楽を聞いてもいいです。
  내일은 휴일이니까, 집에서 느긋하게 음악을 들어도 됩니다.

⑦ 〜よね　〜지?

동사의 보통형에 접속하여 상대방에게 확인, 동의할 때 사용한다.

- このたてものは、外から中がよく見えないよね。
  이 건물은 밖에서 안이 잘 보이지 않지?

- けんかをしないで、なかよくするほうがいいよね。
  싸우지 말고 사이 좋게 지내는 편이 좋지?

확인 문제

1 다음 괄호 안에 들어갈 말로 알맞은 것을 고르시오

1 うちの犬は、ごはんよりも（　　　　　　）のほうが好きです。

2 プロ選手といっしょに野球をするという（　　　　　　）ができてよかった。

3 今日は、弟の誕生日なので（　　　　　　）がたくさんだった。

4 ねていてもぼたもちは（　　　　　　）おちてこないです。

| 보기 | おかし | ごちそう | なかなか | 経験 |

2 괄호 안에 들어갈 말로 알맞은 것을 고르시오

1 あんこはあずき（　　　　　　）作ります。

　　A の　　　　　　　B に　　　　　　　C で　　　　　　　D と

2 友だちに使っていないカメラを（　　　　　　）もらいました。

　　A かして　　　　　B かりて　　　　　C かしに　　　　　D かりに

3 この話は、日本のお正月の（　　　　　　）です。

　　A もの　　　　　　B こと　　　　　　C ため　　　　　　D まま

4 ねていると口にぼたもちが入る（　　　　　　）です。

　　A にくい　　　　　B たい　　　　　　C やすい　　　　　D らしい

3 다음 각 단어를 순서에 맞게 올바른 문장으로 만드시오.

1 　しか／天皇／ことが／できない／住む

　→ ここは＿＿＿＿＿＿＿＿＿＿＿＿＿＿＿＿＿＿＿＿＿＿＿＿＿＿＿ 。

2 　山中さんは／帰った／らしい／東京へ／です

　→ 先週＿＿＿＿＿＿＿＿＿＿＿＿＿＿＿＿＿＿＿＿＿＿＿＿＿＿＿＿ 。

3 　もらった／京都へ行く／おしえて／バスを／に

　→ 男の人は女の人＿＿＿＿＿＿＿＿＿＿＿＿＿＿＿＿＿＿＿＿＿ 。

4 　です／１月１日／お正月は／の／こと

　→ ＿＿＿＿＿＿＿＿＿＿＿＿＿＿＿＿＿＿＿＿＿＿＿＿＿＿＿＿＿＿＿ 。

4 다음 　　　　　의 말을 이용하여 올바른 문장을 만드시오.

1 　イさんがセーターを作りました 。 ～てもらう

　→ ＿＿＿＿＿＿＿＿＿＿＿＿＿＿＿＿＿＿＿＿＿＿＿＿＿＿＿＿＿＿＿ 。

2 　だれもいませんから、このつくえを使います。 ～てもいい

　→ ＿＿＿＿＿＿＿＿＿＿＿＿＿＿＿＿＿＿＿＿＿＿＿＿＿＿＿＿＿＿＿ 。

3 　あの人は、いつも朝お店に来ます。 ～しか～ない

　→ ＿＿＿＿＿＿＿＿＿＿＿＿＿＿＿＿＿＿＿＿＿＿＿＿＿＿＿＿＿＿＿ 。

4 　ふすまは、部屋をわけるかべです。 ～のことだ

　→ ＿＿＿＿＿＿＿＿＿＿＿＿＿＿＿＿＿＿＿＿＿＿＿＿＿＿＿＿＿＿＿ 。

COMIC

 **WORD**

パン 빵　おいしい 맛있다　い형용사 어간＋そうだ ~할 것 같다　だめ 안 됨　あとで 나중에
やった 얏호, 앗싸(일이 성공했을 때 기뻐서 하는 말)　こりゃ 이게, 이건(これは의 준말)　どうぞ 자, 어서(권유)

제6화

튀어나온 말뚝은 얻어맞는다

出<ruby>で</ruby>るくいは
打<ruby>う</ruby>たれる

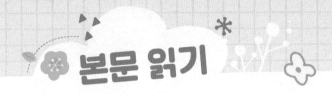

出るくいは打たれる

「出るくいは打たれる」ということわざは、日本社会や日本人のことをよくあらわしています。このことわざは、仕事ができたり人の目をあつめる人は、まわりの人があまりよく思わずに、じゃまをしたりするという意味を持っています。このことわざを外国人が聞くと、日本人は心がせまいと思うでしょう。それでは、どうしてこのようなことわざが日本で使われはじめたか、考えてみましょう。

「和」という漢字は、「和室」や「和食」など、「日本の…」という意味で使いますが、なかよくしてけんかをしないという意味もあります。この「和」をまもるように日本人は、自分の意見をつよく言わないですし、あまり人の目をあつめないようにします。日本人がこのようにする理由は、昔の日本が村社会だったからです。村での生活では、こまった人がいたときには、村のみんなでたすけてあげました。そんな村の生活では、「和」をまもるように注意しながら生活していました。そして、その「和」をまもらない人がいたら、よく思わないで、「出るくい」を打っていたのです。

しかし、経営の神さまで有名なパナソニックの松下幸之助は、「出るくいは打たれるが、出すぎたくいは打たれない」と言っていました。今の時代では、「出るくいは打たれる」と思わずに、自分の意見をはっきりと言うことが必要なのかもしれません。

내용 체크

1   「出るくいは打たれる」의 의미로 알맞은 것을 고르시오.

①   仕事ができない人は、よく思わないという意味

②   こまった人がいたら、みんなでたすけてあげようという意味

③   日本人はとても心がせまいという意味

④   人の目をあつめる人をよく思わないという意味

2   「和」의 의미로 알맞은 것을 고르시오.

①   自分の意見をつよく言わないこと

②   日本の村社会のこと

③   なかよくしてけんかしないこと

④   自分の意見をはっきり言うこと

くい 말뚝

あらわす 나타내다, 표현하다

あつめる 모으다

持(も)つ 가지다, 들다, 지니다

考(かんが)える 생각하다

和食(わしょく) 일식, 일본 요리

まもる 지키다

つよい 강하다, 세다

生活(せいかつ) 생활

しかし 그러나

はっきりと 확실하게

打(う)つ 치다, 때리다, 두드리다

仕事(しごと)ができる 일을 잘하다

あまり ①너무(+긍정) ②그다지(+부정)

心(こころ) 마음

和(わ) 화목, 화해, 일본의

なかよく 사이 좋게

自分(じぶん) 자신

理由(りゆう) 이유

こまる 곤란하다, 난처하다

経営(けいえい) 경영

必要(ひつよう) 필요

社会(しゃかい) 사회

人(ひと)の目(め) 남의 눈, 이목

じゃま 방해, 장애, 훼방

せまい 좁다

和室(わしつ) 일본식 방

けんか 싸움

意見(いけん) 의견

村(むら) 마을

たすける 돕다, 살리다

神(かみ)さま 신의 높임말

문법 알기

1 **〜ずに・〜ないで**   ~않고, ~말고

Aずに(ないで)B의 형태로, A를 하지 않은 상태로 B를 한다는 부정의 의미를 나타낸다. 둘 다 같은 의미지만 〜ずに가 좀 더 딱딱한 표현이다. 동사의 ない형에 접속한다.

- ・ ここまでまちがえ**ずに**来ました。
  여기까지 틀리지 않고 왔습니다.

- ・ もうけんかはし**ないで**、なかよくしなさい。
  이제 싸움은 하지 말고 사이 좋게 지내거라.

2 **〜でしょう**   ~겠지요

단정할 수 없지만 지식, 경험, 분석결과에 따른 확신에 가까운 추측을 의미한다.「〜だろう」의 정중표현으로 명사・な형용사의 어간, い형용사・동사의 보통형에 접속한다.

- ・ 今度のしあいでは、うちの学校がかつ**でしょう**。
  이번 시합에서는 우리 학교가 이기겠지요.

- ・ 本田さんは、約束の時間までにくるから大丈夫**でしょう**。
  혼다 씨는 약속 시간까지 오니까 괜찮겠지요.

3 **〜はじめる**   ~하기 시작하다

동사의 ます형에 접속하여 동작이 이루어지기 시작하는 것을 나타낸다.

- ・ 夕方から雪がふり**はじめる**らしいよ。
  저녁때부터 눈이 내리기 시작할 것 같아.

- ・ 有名な歌手が歌い**はじめた**ので、人があつまってきました。
  유명한 가수가 노래하기 시작했기 때문에 사람들이 모여들었습니다.

4 **～か** **~(ㄴ)지**

동사의 보통형에 접속하며, 미루어 생각해서 판단하는 것을 나타낸다.

- いつからあんこを食べはじめた**か**、よくわかりません。

  언제부터 팥소를 먹기 시작했는지 잘 모르겠습니다.

- どうしてそんな失敗が起きた**か**、考えてみました。

  왜 그런 실수가 생겼는지 생각해 보았습니다.

5 **～ましょう** **~합시다**

동사의 ます형에 접속하여 상대방에게 공손하게 권유하는 의미를 나타낸다.

- もう0時ですから、そろそろね**ましょう**。

  이제 0시이니까 슬슬 잡시다.

- 今夜、会社の近くの和食のお店に行ってみ**ましょう**。

  오늘밤에 회사 근처에 있는 일식 가게에 가 봅시다.

6 **～し** **~하고, ~해서**

동사의 보통형에 접속하여 나열이나 이유의 의미를 나타낸다.

- 今年は、大学に合格する**し**、こいびとができる**し**、いい年でした。

  올해는 대학에 합격하고 애인이 생기고, 좋은 해였습니다.

- 福岡は空港も近い**し**、便利なので人気があります。

  후쿠오카는 공항도 가까워서 편리하기 때문에 인기가 있습니다.

7 **～すぎる** **너무 ~하다**

동사의 ます형에 접속하여 행위, 상태가 도를 넘은 것을 나타낸다.

- おふろに水を入れ**すぎ**てしまった。

  목욕탕에 물을 너무 넣어 버렸다.

- 兄はいつもいろいろと考え**すぎ**です。

  형은 항상 여러 가지로 지나치게 생각합니다.

확인 문제

1 괄호 안에 들어갈 말로 알맞은 것을 고르시오.

1 ここで何^{なに}をしてもいいから、（　　　　）はしないでくださいね。

2 学生^{がくせい}のときに住^すんでいたアパートは、とても（　　　　）部屋^{へや}でした。

3 自分^{じぶん}の意見^{いけん}を（　　　　）と言^いってくださいね。

4 一日中^{いちにちじゅう}待^まっていますが、チンさんかられんらくが来^こなくて（　　　　）。

> **보기** じゃま　　はっきり　　せまい　　こまります

2 괄호 안에 들어갈 말로 알맞은 것을 고르시오.

1 今日^{きょう}は家^{うち}に（　　　　）、友^{とも}だちとお酒^{さけ}を飲^のみに行^いきます。

　A 帰^{かえ}り　　　　B 帰^{かえ}らずに　　　　C 帰^{かえ}ろうに　　　　D 帰^{かえ}ろうか

2 外^{そと}からたくさんの人^{ひと}の声^{こえ}が聞^きこえ（　　　　）。

　A おわった　　　B おわろう　　　C はじまろう　　　D はじめた

3 むすめはぬのを（　　　　）すぎてしまいました。

　A 作^{つく}る　　　　B 作^{つく}ら　　　　C 作^{つく}り　　　　D 作^{つく}って

4 この時間^{じかん}だったら、友^{とも}だちと会^あって（　　　　）ね。

　A いるでしょう　　B いよう　　　C いながら　　　D いたため

3 _____ ★ 안에 들어갈 말로 알맞은 것을 고르시오.

1 カンさんは、_____ _____ _____ ★ 、韓国料理も上手です。

A できるし　　　　B 和食を　　　　　C ことが　　　　　D 作る

2 _____ _____ ★ _____ 意見を言ってくださいね。

A 出る　　　　　　B 打たれると　　　C 思わずに　　　　D くいは

3 子どもたちは _____ ★ _____ 。

A おどり　　　　　B ました　　　　　C はじめ　　　　　D ダンスを

4 今日 _____ _____ ★ _____ 。

A 彼女が　　　　　B 来るか　　　　　C わかりません　　D 来ないか

4 다음 □□□□ 의 말을 이용하여 올바른 문장을 만드시오.

1 自分のことは自分ですることができます。 ～でしょう

➡ _____ 。

2 クリスマスにおいしいものをたくさん食べました。 ～すぎる

➡ _____ 。

3 今度いっしょにぼたもちを作ります。 ～ましょう

➡ _____ 。

4 朝ごはんを食べません。学校に行きます。 ～ないで

➡ _____ 。

COMIC

WORD

してる 하고 있다(している의 준말) 一(ひと)つ 하나, 한 개 出(で)る 나오다 まあ 뭐, 그러저럭

すっきりする 후련하다, 맘이 개운하다 そういえば 그러고보니 最近(さいきん) 최근, 요즘 習(なら)う 배우다

제7화

잡지 않은 너구리의 가죽 세기

と
取らぬたぬきの
かわ ざん よう
皮算用

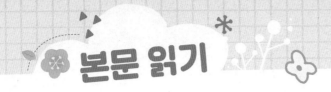

取らぬたぬきの皮算用

ジブリのアニメ『平成たぬきがっせんぽんぽこ』を見たことがありますか。平和に生活していたたぬきたちの山に新しい町ができることになり、それをやめさせるためにたぬきたちが、おばけなどになって人をびっくりさせたりするお話です。このアニメ以外にも、たぬきは『カチカチ山』や『ぶんぶくちゃがま』などの昔話にも登場し、「たぬきうどん」や「たぬきそば」のように食べものの名前にも使われています。

そして、たぬきは人が住んでいる近くの森にいるので、よく町におりてきます。夜、町を歩いていると、たぬきが家族といっしょにいる様子を見ることもあります。このように、日本ではたぬきは昔から人の近くにいる動物なのです。

そんなたぬきが出てくることわざが、「取らぬたぬきの皮算用」です。昔たぬきの皮は、冬にきる服として使っていました。たぬきをつかまえるのはとても大変だったので、その皮はとても値段が高かったようです。そういうたぬきをまだつかまえてもいないのに、その皮を売ったと考え、お金を計算するなんて、とてもおかしいですよね。つまり、このことわざは、「まだ手に入れていないものを手に入れたと考えて、いろいろな計画をたてる」という意味です。

みなさんも宝くじを買ったときに、あたったらかっこいい車を買おうかとか、海外へ旅行に行こうかとか、いろいろと考えたことがあると思います。ゆめがあってとてもいいと思いますが、取らぬたぬきの皮算用にならないでくださいね。

내용 체크

1 　「取らぬたぬきの皮算用」의 의미로 알맞은 것을 고르시오.

① 　つかまえたたぬきから取ることができる皮を計算しているという意味

② 　たぬきの皮は冬にきる服として使っていたという意味

③ 　山に町ができることになり、それをやめさせるという意味

④ 　まだ何も手に入れていないのに、いろいろな計画をたてるという意味

2 　다음 (　　) 안에 들어갈 말을 본문에서 찾아 쓰시오.

たぬきは人が（①　　　　　　　）近くの森にいるので、よく（②　　　　　）におりて来ます。夜、（②　　　　　）を歩いていると、たぬきが（③　　　　　）といっしょにいる様子を見ることもあります。このように、日本ではたぬきは昔から（④　　　　　　　）にいる動物なのです。

WORD

取(と)る 잡다, 취하다 　　**たぬき** 너구리 　　**皮(かわ)** 가죽

算用(さんよう) 돈 계산, 셈(뒤에 붙을 때는 さ가 탁음이 됨) 　　**アニメ** 애니메이션의 준말

がっせん 전투, 접전 　　**ぽんぽこ** 음식을 잔뜩 먹어 배부른 모양 　　**平和(へいわ)に** 평화롭게

新(あたら)しい 새롭다 　　**やめる** 그만두다 　　**おばけ** 도깨비, 요괴

びっくりする 깜짝 놀라다 　　**カチカチ** 단단한 물건이 부딪치는 소리, 딱딱

登場(とうじょう) 등장 　　**名前(なまえ)** 이름 　　**森(もり)** 숲, 삼림

おりる 내려오(가)다, 내리다 　　**様子(ようす)** 모습, 상황 　　**動物(どうぶつ)** 동물

きる 입다 　　**服(ふく)** 옷 　　**～として** ～로서

つかまえる 붙잡다 　　**大変(たいへん)** 큰일임, 힘듦 　　**値段(ねだん)** 값, 가격

高(たか)い ①높다 ②비싸다 　　**お金(かね)** 돈 　　**計算(けいさん)する** 계산하다

～なんて ～하다니 　　**おかしい** 우습다 　　**手(て)に入(い)れる** 손에 넣다

計画(けいかく) 계획 　　**たてる** 세우다 　　**ゆめ** 꿈

문법 알기 ✻

① **〜ことになる** ~하게 되다

동사의 사전형에 접속하여 자신의 의지와는 상관없이 예정이나 계획이 정해지는 것을 나타낸다.

- 東京で姉といっしょに住むことになった。
  도쿄에서 누나와 함께 살게 되었다.

- 4月から自動車の会社に入ることになりました。
  4월부터 자동차 회사에 들어가게 되었습니다.

② **동사의 사역형 〜(さ)せる** ~하게 하다

동사의 사역형은 타인에게 강요하거나, 허가, 방임의 의미를 나타낸다. 접속은 1그룹 동사는 어미 u

대신 aせる를, 2그룹 동사는 어간에 させる, 3그룹 동사 する는 させる, くる는 こさせる가 된다.

- 母は、かぜをひいている弟を病院に行かせた。
  어머니는 감기에 걸린 남동생을 병원에 가게 했다.

- 熱があるので、今日は早く帰らせてください。
  열이 있으니까 오늘은 빨리 돌아가게 해 주세요.

③ **〜と** ~하면

동사의 사전형에 접속하여 가정, 조건의 의미를 나타낸다.

- この電車に乗ると、東京駅に行きます。
  이 전철을 타면 도쿄 역에 갑니다.

- ことわざをたくさん知ると、いろいろな日本語を話すことができます。
  속담을 많이 알면 다양한 일본어를 말할 수 있습니다.

④ **〜ようだ** ~인 것 같다

동사, い·な형용사의 보통형에 접속하여 추측의 의미를 나타낸다.

- このたぬきの絵は、生きているようだ。
  이 너구리 그림은 살아 있는 것 같다.

- あの店のうどんは、とてもおいしかったようだ。
  그 가게의 우동은 아주 맛있었던 것 같다.

❺ まだ～て(も)いない　아직 ~하지(도) 않았다

동사의 て형에 접속하여 아직 완료되지 않은 것을 나타낸다.

- 来週、あそびに行くところが**まだきまっていません**。
  다음 주에 놀러 갈 곳이 아직 정해지지 않았습니다.

- **まだ**10時になっ**てもいない**のに、弟が帰ってこないと母は心配している。
  아직 10시도 안 됐는데, 남동생이 돌아오지 않는다고 엄마는 걱정하고 있다.

❻ ～とか～とか　~라든가(든지) ~라든가(든지)

동사의 보통형에 접속하여 복수로 예를 들어 말할 때 사용한다.

- わからない単語があったら、じしょを使う**とか**ネットで調べる**とか**したら？
  모르는 단어가 있으면, 사전을 사용하든가 인터넷으로 찾든가 하는 게 어때?

- 今度のやすみには、日本語を勉強する**とか**運動する**とか**計画をたてます。
  이번 방학에는 일본어를 공부한다든지 운동한다든지 계획을 세우겠습니다.

❼ 동사의 의지형 ～(よ)う　~해야지, ~하자, ~하겠다

동사의 의지형은 자신의 의지나 권유, 추측의 의미를 나타낸다. 접속은 1그룹 동사는 어미 u대신 o 우를, 2그룹 동사는 어간에 よう, 3그룹 동사 する는 しよう, くる는 こよう가 된다.

- 今日は早く家に帰って、ゆっくりおふろに入**ろう**。
  오늘은 일찍 집에 가서 느긋이 목욕해야지.

- このことについては、いろいろなことが言え**よう**。
  이 일에 대해서는 이런 저런 것을 말할 수 있겠다.

확인 문제

1 괄호 안에 들어갈 말로 알맞은 것을 고르시오.

1 これは、たぬきがおばけになって人_{ひと}を（　　　　　）させるお話_{はなし}です。

2 父_{ちち}は母_{はは}に何度_{なんど}もお酒_{さけ}を（　　　　　）ように言_いわれました。

3 最近_{さいきん}のパソコンの（　　　　　）はとても高_{たか}いです。

4 ほしいものがあっても、全部_{ぜんぶ}（　　　　　）ことはできません。

> **보기**　　やめる　　びっくり　　手_てに入_いれる　　値段_{ねだん}

2 괄호 안에 들어갈 말로 알맞은 것을 고르시오.

1 今度_{こんど}、この会社_{かいしゃ}を（　　　　　）なりました。

A やめるように　　B やめることに　　C やめたように　　D やめたことに

2 母_{はは}は、私_{わたし}に料理_{りょうり}を（　　　　　）ことがあります。

A する　　　　　B して　　　　　C させる　　　　D しない

3 お正月_{しょうがつ}のもちをまだ（　　　　　）。

A 買_かった　　B 買_かいます　　C 買_かう　　D 買_かっていない

4 もうだれも来_こないから、家_{うち}に（　　　　　）。

A 帰_{かえ}ろう　　B 帰_{かえ}りよう　　C 帰_{かえ}ったよう　　D 帰_{かえ}るよう

3 _____ ★ 안에 들어갈 말로 알맞은 것을 고르시오.

1 _____ _____ _____ ★ じしょを使うとかしたらどう？

    A 自分　　　　　**B** 調べる　　　　　**C** で　　　　　**D** とか

2 _____ ★ _____ _____ 。

    A 入ると　　　　　**B** たぬきが　　　　　**C** 山に　　　　　**D** いました

3 今度 _____ _____ ★ _____ 。

    A 読む　　　　　　　　　　　　**B** 『つるの恩がえし』を

    C なりました　　　　　　　　　**D** ことに

4 この _____ ★ _____ _____ ようだ。

    A 前の　　　　　**B** 映画は　　　　　**C** 話より　　　　　**D** おもしろい

4 다음 _____ 의 말을 이용하여 올바른 문장을 만드시오.

1 来週、サッカーの大会に出ます。 ～ことになる

    ➡ _____ 。

2 日本人は和を大切にします。 ～ようだ

    ➡ _____ 。

3 ホンさんが乗っているバスは着きません。 まだ～ていない

    ➡ _____ 。

4 兄は海に行きます。ボートに乗ります。 ～と

    ➡ _____ 。

COMIC

다들, 이게 뭔지 알아?
みんな〜、これ、なんだかわかる？

잘 맞기로 유명한 집에서 복권 샀어.
よくあたるって有名な店で宝くじ買ったんだ〜

오〜

진짜?

이거 당첨되면 뭐든 살 수 있어.
너희는 뭐 갖고 싶어?
これあたったら何でも買えるぞ〜！
お前らは何がほしい？

떡줄 사람은 꿈도 안 꾸는데 김칫국부터 마시는구만.
取らぬたぬきの皮算用か…

으하하하하하!!!

어휴~ 냅두자~
やれやれ、ほっておこう〜

 WORD

なんだか 무엇인지   あたる 맞다, 당첨되다   有名(ゆうめい)な 유명한   買(か)う 사다   お前(まえ) 너(남성어)
〜ら 〜들   やれやれ 어휴, 아이고 맙소사(실망이나 피로했을 때 내는 소리)   ほっておく 내버려 두다

제8화

우는 얼굴에 벌

<ruby>泣<rt>な</rt></ruby>き<ruby>面<rt>つら</rt></ruby>にハチ

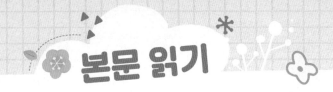

泣き面にハチ

みなさんは、ある日さいふをなくしてしまい探していたら、スマートフォンもなくしていたという経験はありませんか。このように、よくないことが続けて起きたときに使うことわざが「泣き面にハチ」です。このことわざは、泣いて顔がはれているのに、さらにハチにさされるという話から生まれました。

ハチのような虫は、日本のことわざだけでなく「弱虫」や「泣き虫」などの単語にもよく登場します。また、昔から季節と関係のあることばでも見ることができます。日本のわかやはいくでは、夏にはセミが、秋にはスズムシが出てきます。今でも日本人は、虫が出てくるわかやはいくを読んで、その季節をたのしみます。

それに5月から8月に「虫おくり」というものがあります。「虫おくり」では、虫がきらいな草をやいてはたけから追い出して、その年にお米や野菜がたくさんできるようにおいのりします。また1988年には、まんが家の手塚治虫を中心に、虫が住むことができる町を作ろうという運動もありました。そして、虫とにた読み方の6（む）と4（し）の数字が入っている6月4日を虫の日にきめました。

このように、日本で虫は人にとても近い関係で、昔からつかまえてそだてることもありました。しかし、外国ではあまりこのような文化がなく、日本人の家へあそびに行ったときに、虫をそだてているのを見ておどろく人もいるようですが、みなさんは、おどろかないようにしましょうね。

1　「泣き面にハチ」의 의미로 알맞은 것을 고르시오.

①　よくないことが続けて起きたという意味

②　虫をつかまえてそだてるという意味

③　「弱虫」や「泣き虫」という意味

④　さいふやスマートフォンをなくさないようにしましょうという意味

2　본문의 내용과 맞는 것을 고르시오.

①　虫は一年中いるので、季節とは関係がない。

②　日本人は虫が出てくるわかやはいくをよく読んでいる。

③　「虫おくり」では草をやいて、お米や野菜がたくさんできるようにいのる。

④　1988年に虫が住むことができない町を作ろうという運動があった。

WORD

泣(な)く 울다	面(つら) (속어)얼굴, 낯짝	ハチ 벌
さいふ 지갑	なくす 잃다, 없애다	探(さが)す 찾다
続(つづ)ける 계속하다	顔(かお) 얼굴	はれる 붓다
さらに 그 위에, 더욱더, 다시	さす 찌르다, 쏘다	虫(むし) 벌레
弱虫(よわむし) 겁쟁이	泣(な)き虫(むし) 울보	季節(きせつ) 계절
ことば 말, 언어	夏(なつ) 여름	秋(あき) 가을
たのしむ 즐기다	きらいな 싫어하는	草(くさ) 풀
やく 태우다, 굽다	はたけ 밭	追(お)い出(だ)す 내쫓다, 몰아내다
おこめ 쌀	いのる 기도하다, 기원하다	にる 닮다, 비슷하다
数字(すうじ) 숫자	きめる 정하다	そだてる 키우다, 기르다
文化(ぶんか) 문화	あそぶ 놀다	おどろく 놀라다

문법 알기 ✳

① **〜だけで(は)なく** 〜뿐(만) 아니라

명사, 동사, い・な형용사의 보통형에 접속하여, 〜외에 정도가 더 심한 어떤 것까지 추가되는 것을 의미한다.

- 弟は、さいふだけでなくスマートフォンもなくしたようです。
  남동생은 지갑뿐 아니라 스마트폰도 잃어버린 것 같습니다.

- 夏やすみは、あそぶだけではなくアルバイトもしたほうがいい。
  여름방학에는 노는 것뿐만 아니라 아르바이트도 하는 편이 좋다.

② **〜の(ある)** 〜가 (있는)

여기서 の는 명사를 수식하는 구(句)의 주어를 나타내는 조사로도 사용된다.

- みやこは、天皇の住んでいるところです。
  수도는 천황이 살고 있는 곳입니다.

- あなたが会議で何か意見を言うことは、意味のあることだと思います。
  당신이 회의에서 뭔가 의견을 말하는 것은 의미가 있는 일이라고 생각합니다.

③ **お/ご〜する** 〜하다, 〜해 드리다

「お＋동사 ます형＋する」「ご＋한자어＋する」의 형태로, 자신을 낮추어 상대방을 높이는 겸양 표현이다.

- 来週の土曜日に、駅前でお会いしましょう。
  다음 주 토요일에 역 앞에서 만납시다.

- ホテルの部屋まで、私がご案内します。
  호텔 방까지 제가 안내해 드리겠습니다.

④ ～を中心に ～을 중심으로

명사에 접속하여 '~를 기점으로 해서, ~을 집중적으로'라는 의미를 나타낸다.

- 今度の旅行は、大阪を中心に行ってみよう。
  이번 여행은 오사카를 중심으로 가 봐야지.

- この小説は、わかい人を中心に人気があります。
  이 소설은 젊은 사람을 중심으로 인기가 있습니다.

⑤ ～方 ～하는 방법(방식)

동사의 ます형에 접속하여 '~하는 방법, ~하는 모습'임을 나타낸다.

- 子どものそだて方は、国によってちがいます。
  아이의 양육법은 나라에 따라 다릅니다.

- セミを季節のことばに使うのは、はいくの夏のたのしみ方です。
  매미를 계절의 말로 사용하는 것은 하이쿠의 여름을 즐기는 방법입니다.

⑥ ～に行く ～하러 가다

동사의 ます형 또는 동작성 명사(散歩, 食事, 旅行 등)에 접속하여 '~하러 가다'라는 목적을 나타낸다. '~하러 오다'는 ～に来る이다.

- そふは、公園へ本を読みに行きます。
  할아버지는 공원으로 책을 읽으러 갑니다.

- 明日、レストランへ、彼女と食事に行きます。
  내일 레스토랑에 그녀와 식사하러 갑니다.

확인 문제

1 괄호 안에 들어갈 말로 알맞은 것을 고르시오.

1 日本のおちゃの（　　　　　）について調べてみましょう。

2 秋は食べものがとてもおいしい（　　　　　）です。

3 私は子どものころによく泣いていたので（　　　　　）と言われていました。

4 山へ行って季節がかわるのを（　　　　　）ます。

> 보기　　泣き虫　　文化　　たのしみ　　季節

2 괄호 안에 들어갈 말로 알맞은 것을 고르시오.

1 お肉（　　　　　）、野菜も食べましょう。

   A だけでなく　　　　B まででなく　　　　C からでなく　　　　D ではなく

2 わからないことばの（　　　　　）をおしえてください。

   A 調べて　　　　B 調べる　　　　C 調べ方　　　　D 調べよう

3 今度「虫おくり」を（　　　　　）行きます。

   A 見て　　　　B 見る　　　　C 見よう　　　　D 見に

4 日本のきものは、長い伝統の（　　　　　）服です。

   A ある　　　　B いる　　　　C あって　　　　D いて

3 다음 각 단어를 순서에 맞게 올바른 문장으로 만드시오.

1 中心に／から／漢字を／にがてです／漢字が

➞＿＿＿＿＿＿＿＿＿＿＿＿＿＿＿＿＿＿＿＿＿勉強します。

2 行きます／に／ダンス／習い／を

➞来週＿＿＿＿＿＿＿＿＿＿＿＿＿＿＿＿＿＿＿。

3 お持ち／先生／コーヒー／しました／の／を

➞＿＿＿＿＿＿＿＿＿＿＿＿＿＿＿＿＿＿＿＿＿。

4 くれました／使い方を／人が／おしえて／スマートフォンの

➞店の＿＿＿＿＿＿＿＿＿＿＿＿＿＿＿＿＿＿＿。

4 다음 ▨▨▨의 말을 이용하여 올바른 문장을 만드시오.

1 カレーをたくさん作ったので、となりの家へわけます。 ~に行く

➞＿＿＿＿＿＿＿＿＿＿＿＿＿＿＿＿＿＿＿＿＿。

2 この漢字を読みます。おしえてください。 ~方

➞＿＿＿＿＿＿＿＿＿＿＿＿＿＿＿＿＿＿＿＿＿。

3 おちゃを出します。もちも出します。 ~だけでなく

➞＿＿＿＿＿＿＿＿＿＿＿＿＿＿＿＿＿＿＿＿＿。

4 好きなものを作りますよ。 お／ご~する

➞＿＿＿＿＿＿＿＿＿＿＿＿＿＿＿＿＿＿＿＿＿。

COMIC

앗! 숙제, 두고 왔어!
あっ、宿題、わすれちゃった！

앗! 내 지갑은?
あれ？私のさいふは？

집에 두고 온거 아냐?
전화해봐~.
家にわすれたんじゃないの？
電話してみたら。

맙소사!!
핸드폰도 없어!!
なんてこった!!
スマホもない!!

아, 정말 엎친데 덮친 격이네.
あ、もう～泣き面にハチだね。

끼이끼이

宿題(しゅくだい) 숙제　わすれる 잊다. 두고 오다　さいふ 지갑　～じゃないの？ ～한 거 아냐?
電話(でんわ) 전화　なんてこった 맙소사　スマホ 핸드폰, 스마트폰　もう 그야말로, 정말

74

제9화

고양이 손이라도 빌리고 싶다

ねこ て
猫の手も
かりたい

猫の手もかりたい

仕事や宿題などしないといけないことがたくさんあって、だれでもいいから手つだってくれたらと思ったことはありませんか。そんなときに、家で猫がゴロゴロしていたらどうですか。もし、猫にたのむことができれば、「お願い！ 手つだって！」という気持ちになるでしょう。そこで使うことわざが「猫の手もかりたい」です。つまり、「猫の手もかりたい」は、忙しいときをしめす表現ですが、なぜ人の言うことをよく聞く犬や、はたけ仕事で一番役に立つ牛ではなく、「猫の手」なのでしょうか。しかも、猫の手を見れば、とても仕事ができるようには見えません。しかし、こんな猫まで力にならなければならないほど忙しいのを見ると、だれでも手つだわないといけない状況のようですね。

ただ、昔からねずみをつかまえるために猫を使っていたそうですが、今では、「猫の手をかりて」いることがもっとたくさんあります。たとえば、「ドラえもん」のように、便利な道具を出してたすけてくれたり、お店や食堂においてある「まねきねこ」のように、お店の入り口において、人がたくさん来るように手つだってもらうこともあります。つまり、人は「猫の手」をかりているのです。

でも、とても忙しいとき「だれでもいいから手つだってほしい！」と直接的に言うのは、相手に失礼になります。だから、「最近、お客さんが多くて猫の手もかりたい」や「会社で問題が多すぎて、猫の手もかりたいぐらいです」のように使います。

時代がかわって、猫の手も使えるようになりました。「猫の手もかりたい」だけでなく、猫を使った単語や表現をどんどん使ってみてはどうですか。

1 「猫の手もかりたい」의 의미로 알맞은 것을 고르시오.

① 猫の手も仕事が手つだえるように見えるという意味

② 忙しいのに猫が家でゴロゴロしているという意味

③ 猫は人の言うことをよく聞いて、はたけ仕事で一番役に立つという意味

④ 忙しくてだれでもいいから手つだってほしいという意味

2 본문의 내용과 맞는 것을 고르시오.

① 昔から猫は便利な道具を出してたすけてくれた。

② 「まねきねこ」は、人がたくさんくるようにという意味でおいてある。

③ 人は、猫をつかまえるために、ねずみを使っていた。

④ 時代がかわっても、猫の手は使えるようにならない。

猫(ねこ) 고양이	かりる 빌리다	宿題(しゅくだい) 숙제
手(て)つだう 거들다, 돕다	ゴロゴロ ①데굴데굴 ②빈둥빈둥	たのむ 부탁하다
気持(きも)ちになる 기분이 되다(들다)	忙(いそが)しい 바쁘다	しめす 가리키다, 보이다, 나타내다
表現(ひょうげん) 표현	役(やく)に立(た)つ 도움이 되다	しかも 더욱이, 게다가
とても ①매우(+긍정) ②도저히(+부정)	見(み)える 보이다	力(ちから)になる 힘이 되다
～ほど ～만큼, ～정도로	状況(じょうきょう) 상황	ただ 단, 다만
たとえば 예를 들면	便利(べんり)な 편리한	道具(どうぐ) 도구
出(だ)す 꺼내다	食堂(しょくどう) 식당	おく 놓다, 두다
入(い)り口(ぐち) 입구	直接的(ちょくせつてき) 직접적	相手(あいて) 상대
お客(きゃく)さん 손님	かわる 변하다, 바뀌다	どんどん 자꾸, 계속, 척척

문법 알기 *

❶ ～でも   ~(이)라도

명사에 접속하여 크게 예시와 전면적 긍정을 나타낼 때 사용한다.

- 今日は母の誕生日なので、花でも買って帰りませんか。
  오늘은 어머니 생일이니까 꽃이라도 사서 돌아가지 않을래요?

- だれでもいいから、いっしょに行きましょう。
  누구라도 좋으니까 같이 갑시다.

❷ ～たい   ~하고 싶다

동사의 ます형에 접속하여 자신이 하는 것에 대한 희망을 나타낸다.

- お店の入り口に、まねきねこの人形をおきたいです。
  가게 입구에 마네키네코 인형을 놓고 싶습니다.

- とても忙しいときは、猫や犬の手がかりたいです。
  너무 바쁠 때는 고양이나 개의 손을 빌리고 싶습니다.

❸ 동사의 가능형   ~할 수 있다

동사의 가능형은 어떤 동작을 하는 것이 가능하다는 의미로 앞에는 보통 조사 が가 온다. 접속은 1그룹 동사는 어미 u대신 e る, 2그룹 동사는 어간에 られる, 3그룹 동사 する는 できる, くる는 こられる가 된다.

- 仕事が早くおわったから、今日は早く帰られる。
  일이 빨리 끝났기 때문에 오늘은 일찍 돌아갈 수 있다.

- うちの子は、ひとりでコンビニへ行ってアイスクリームを買って来られます。
  우리 아이는 혼자 편의점에 가서 아이스크림을 사 올 수 있습니다.

❹ ～なければならない   ~하지 않으면 안 된다, ~해야 한다

동사의 ない형에 접속하여 의무와 필요성을 나타낸다. 같은 표현에 ～ないといけない가 있다.

- 自分の考えは、はっきり言わなければなりません。
  자신의 생각은 확실하게 말해야 합니다.

- やすみの日は、いろいろな本を読まないといけません。
  쉬는 날에는 여러 책을 읽어야 합니다.

❺ ～そうだ　～라고 한다〈전문〉

동사의 보통형에 접속하여 남에게 들은 것을 나타낸다.「～によると」「～によれば」등 정보의 근원을 나타내는 표현과 호응하기 쉽다.

- チェさんによると、ドラえもんは便利な道具を出すそうだ。
  최OO 씨에 의하면, 도라에몽은 편리한 도구를 꺼낸다고 한다.

- パクさんは、デートの計画をたてているそうですよ。
  박OO 씨는 데이트 계획을 세우고 있다고 해요.

❻ ～てある　～어 있다, ~해져 있다

누군가가 어떤 목적이 있어서 그 행위를 하고, 그 행위의 결과가 남아 있다는 것을 나타낸다.

보통「～が＋타동사＋てある」의 형식으로 사용된다.

- つくえの上に、メモがおいてあります。
  책상 위에 메모가 놓여 있습니다.

- おじさんの車が、家の前にとめてあります。
  삼촌 차가 집 앞에 세워져 있습니다.

❼ ～てほしい　～하길 바란다, ~했으면 한다

보통「～に～てほしい(～가 ~하길 바란다)」의 형태로 상대방에 대한 부탁, 희망, 요구를 나타낸다. 동사의 て형에 접속한다.

- 来週、日本の家について調べるので、手つだってほしい。
  다음 주에 일본 집에 대해 조사할 거니까 도와 주길 바래.

- もっと多くの人に、お店に来てほしいです。
  더 많은 사람들이 가게에 왔으면 합니다.

확인 문제

1 괄호 안에 들어갈 말로 알맞은 것을 고르시오.

1 昔は森でしたが、今は人が住むことができるところに（　　　　）。

2 あのニュースを見てすこしさびしい（　　　　）になった。

3 この本は、日本語の勉強に（　　　　）。

4 新しいことばをおぼえて（　　　　）使いましょう。

> **보기**　気持ち　　かわりました　　役に立ちます　　どんどん

2 괄호 안에 들어갈 말로 알맞은 것을 고르시오.

1 かべにだれの名前が（　　　　）ありますか。

　　A 書く　　　　　B 書かない　　　　C 書こう　　　　D 書いて

2 友だちの話によると、先生は明日日本に（　　　　）そうですよ。

　　A 行こう　　　　B 行った　　　　C 行くでしょう　　D 行く

3 明日、図書館でかりた本をわすれずに持って（　　　　）ほしいです。

　　A くる　　　　　B きて　　　　　C こよう　　　　D こないで

4 必要だったら、パソコン（　　　　）持っていきましょうか。

　　A から　　　　　B ので　　　　　C でも　　　　　D にも

3 ___★___ 안에 들어갈 말로 알맞은 것을 고르시오.

1 子どもが大_{おお}きくなって、_____ _____ ___★___ _____ なりました。

    A 手_てつだえる   B 家_{いえ}の   C ことを   D ように

2 もうすぐ春_{はる}なので、_____ _____ ___★___ _____。

    A です   B 買_かいたい   C 服_{ふく}でも   D 新_{あたら}しい

3 かならず _____ ___★___ _____ _____。

    A なければ   B 漢字_{かんじ}は   C なりません   D おぼえ

4 この和室_{わしつ}は _____ _____ ___★___ _____。

    A そうじして   B でした   C まだ   D いません

4 다음 ▨▨▨▨ 의 말을 이용하여 올바른 문장을 만드시오.

1 この店_{みせ}のぼたもちはおいしいですから、たくさん食_たべます。 동사 가능형

  ➡ _____。

2 野菜_{やさい}がたくさんできたからわけます。 〜てほしい

  ➡ _____。

3 この部屋_{へや}の障子_{しょうじ}は、あけないほうがいいです。 〜そうだ

  ➡ _____。

4 犬_{いぬ}の散歩_{さんぽ}をするときは、首輪_{くびわ}をします。 〜なければならない

  ➡ _____。

COMIC

제10화

잠결에 물

ね　みみ　　　　みず
寝耳に水

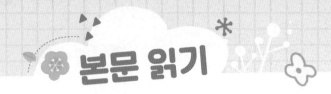

寝耳に水
ね みみ みず

「寝耳に水」と聞くと、どういう場面を考えますか。生活をしていると、水の音
ねみみ みず き ばめん かんが せいかつ おと
ってふつうに聞きます。でも、このことわざでの「水」には意味があります。水の
き いみ
話をするまえに、この「寝耳に水」の意味から説明しようと思います。
はなし せつめい おも

家族や友だちが話している内容を聞いたり、ニュースやざっしの記事を読んだと
かぞく とも はな ないよう き きじ よ
き、知らなかったことがあって、とてもおどろいたことがあるでしょう。こういう
し
ときに使うことわざが「寝耳に水」です。このことわざは、「寝ているときに水の
つか
音が聞こえておどろいた」や「寝ているときに耳に水が入ってきておどろいた」と
き はい
いう話から生まれました。
う

このことわざで使われている「水」は、大雨がふったり、台風がきたときになが
おおあめ たいふう
れてくるたくさんの川の水のことです。昔は、天気予報がなかったので、大雨の
かわ むかし てんきよほう
日に寝ているとき聞こえる水音は、とても危険なものでした。豊臣秀吉の伝記にも
ひ みずおと きけん とよとみひでよし でんき
「寝耳に水が入ったようだ」という表現がありますが、寝ているとき急に耳に水が
ひょうげん きゅう
入ってきたら当然おどろくでしょう。
とうぜん

今でも日本では、地震でつなみが起きて、町へ水が入ってくることがあります。
いま にほん じしん お まち
日本の東北地方では、昔起きた地震とつなみの経験から、「ここから下では生活す
とうほくちほう けいけん した
るな」という石がおいてあるそうです。そこで昔から生活している人は、その石か
いし
ら下には家を作らないことにしています。つまり、今も昔も水はとてもこわい存在
いえ つく そんざい
なのです。

「寝耳に水」は、とてもおどろいたときに使いますが、みなさんは寝ているとき
に水の音が聞こえるのと、耳に水が入ってくるのと、どちらがおどろきますか。

내용 체크

1 「寝耳に水」의 의미로 알맞은 것을 고르시오.

① 家族や友だちの話を寝ているときに聞いたという意味

② 寝ているときに水の音が聞こえてよく寝たという意味

③ はじめて聞いた話でとてもおどろいたという意味

④ 寝ているときに耳に水が入ってきても気がつかないという意味

2 본문의 내용과 맞는 것을 고르시오.

① 昔から水は危険なものではなかった。

② 日本では、地震でつなみが起きても町へ水が入ってくることはない。

③ 「ここから下では生活するな」という石の下に住んでいる人が多い。

④ このことわざの「水」は、大雨や台風のときにながれてくる川の水のことである。

WORD

寝耳(ねみみ) 잠결, 잠귀	水(みず) 물	どういう 어떤
場面(ばめん) 장면, 상황	音(おと) 소리	ふつう 보통, 일반적
説明(せつめい) 설명	ニュース 뉴스	ざっし 잡지
大雨(おおあめ) 큰 비, 호우	ふる 내리다	台風(たいふう) 태풍
ながれる 흐르다, 떠내려가다	たくさんの 많은	天気予報(てんきよほう) 일기예보
水音(みずおと) 물소리	危険(きけん) 위험	伝記(でんき) 전기
急(きゅう)に 갑자기	当然(とうぜん) 당연(히)	地震(じしん) 지진
つなみ 쓰나미, 해일	東北地方(とうほくちほう) 동북지방	石(いし) 돌
こわい 무섭다	存在(そんざい) 존재	

문법 알기 *

① **〜って** ~(라는 것)은, ~란

명사에 접속하여 사람이나 사물을 거론하여 말할 때 사용한다. 문장체에서는 〜という(も)のは를 쓴다.

- 寝耳に水ってどんな意味か知ってますか。
  잠결에 물이란 어떤 의미인지 알고 있습니까?

- 鈴木さんって、とてもやさしい人ですよ。
  스즈키 씨는 매우 상냥한 사람이에요.

② **〜まえに** ~하기 전에

동사의 사전형에 접속하여 시간이나 순서상 앞서는 행동을 나타낸다.

- 台風がくるまえに、早く家に帰ります。
  태풍이 오기 전에 빨리 집에 돌아갈 겁니다.

- 家に帰ってきたら、ごはんを食べるまえに手を洗いましょう。
  집에 돌아오면 밥을 먹기 전에 손을 씻읍시다.

③ **〜(よ)うと思う** ~하려고 (생각)하다

동사의 의지형에 접속하여 자신의 계획이나 결심을 말할 때 사용한다.

- 昔、この町で起きた地震の話をしようと思います。
  옛날에 이 마을에서 발생한 지진 이야기를 하려고 합니다.

- 今日は家で、ジブリのアニメをゆっくり見ようと思う。
  오늘은 집에서 지브리 애니메이션을 느긋하게 보려고 한다.

④ **～な**　~마라〈금지〉

동사의 사전형에 접속하여 금지의 의미를 나타낸다.

- 授業中にスマートフォンを使うな。
  수업 중에 스마트폰을 사용하지 마라.

- このことは、だれにも話すなよ。
  이 일은 누구에게도 이야기하지 마.

⑤ **～ことにしている**　~하기로 하고 있다

동사의 사전형에 접속하여 자신의 예정이나 계획, 습관을 나타낸다. 비슷한 표현인 **～ことにする**

(~하기로 하다)는 어떤 일에 대해 자신의 판단이나 의지로 결정할 때 사용한다.

- 日本の家では、今は障子を使わないことにしています。
  일본 집에서는, 지금은 장지(미닫이문)를 사용하지 않기로 하고 있습니다.
- 今年は、この野原で虫おくりをすることにしました。
  올해는 이 들판에서 해충 몰아내기를 하기로 했습니다.

⑥ **～と～とどちらが**　~와 ~중 어느 것이

명사에 접속하여 두 가지 사항에 대해 어느 쪽을 선택할지 의견을 물을 때 사용한다.

- 地震とつなみとどちらがこわいですか。
  지진과 쓰나미 중 어느 것이 무섭습니까?

- まねきねことドラえもんとどちらが有名ですか。
  마네키네코와 도라에몽 중 어느 것이 유명합니까?

1 괄호 안에 들어갈 말로 알맞은 것을 고르시오.

1 ここは（　　　　　）だから入らないでください。

2 弘法は、門に（　　　　　）字を書きましたか。

3 彼女は、私にはとても大切な（　　　　　）です。

4 子どもがおばけを見て（　　　　　）と言いながら泣いています。

> 보기　　こわい　　どういう　　危険　　存在

2 괄호 안에 들어갈 말로 알맞은 것을 고르시오.

1 つなみ（　　　　　）経験したことがありますか。

　A って　　　　B って　　　　C んて　　　　D んと

2 私は4月から家を出て一人で住む（　　　　　）しました。

　A ものに　　　B ところに　　C ように　　　D ことに

3 これから毎日、家の近くの山に行って（　　　　　）と思います。

　A みれば　　　B みます　　　C みよう　　　D みろ

4 ぼたもちとおぞうにとどちら（　　　　　）食べたいですか。

　A を　　　　　B で　　　　　C と　　　　　D が

3 다음 각 단어를 순서에 맞게 올바른 문장으로 만드시오.

1 作る／下に／な／家を／この

　➜ _____ 。

2 どこから／聞こえました／水の音／って

　➜ _____ か。

3 となりの／まえに／部屋に／自分の／入る／

　➜ _____部屋の人に会いました。

4 どちら／か／まんが／が／好きです／と

　➜ アニメと_____ 。

4 다음 [   ]의 말을 이용하여 올바른 문장을 만드시오.

1 朝起きたらミルクを飲みます。 ～ことにしている

　➜ _____ 。

2 先週の大雨のことを調べます。 ～ようと思う

　➜ _____ 。

3 お店では、大きな声で話しません。 ～な

　➜ _____ 。

4 ここに来ます。さいふとスマートフォンをなくしました。 ～まえに

　➜ _____ 。

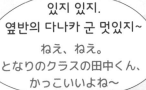

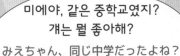

WORD

クラス 반, 학급　**かっこいい** 멋있다　**イケメン** 꽃미남　**背(せ)が高(たか)い** 키가 크다　**それに** 게다가

性格(せいかく) 성격　**中学(ちゅうがく)** 중학(교)　**運命(うんめい)** 운명　**彼女(かのじょ)** 그녀, 여자 친구

제11화

목(구멍)에서 손이 나온다

のどから
<ruby>手<rt>て</rt></ruby>が<ruby>出<rt>で</rt></ruby>る

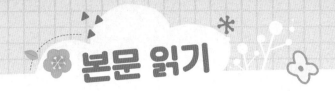

のどから手が出る

　日本語で「手」は、ほしいものを自分のものにしたときに「手に入れる」「手に入る」などのように使います。そんな手を使ったことわざに、「のどから手が出る」があります。このことわざには、心からそれがほしいので、両方の手だけではなく、のどからもう一本手が出るという意味があります。でも、どんなにほしくても、のどから手は出ませんよね。それではなぜ、こんなことわざが生まれたのでしょうか。

　今の日本では、食べるものにこまることはほとんどありません。しかし、昔は雨がふらなかったり、台風が来たりして、田畑でお米などが作れないということが多くありました。それで、多くの人が食べものを食べることができないまま死んでしまっていました。そんな中で、食べものが目の前にあったらどうでしょう。おなかがすいた人たちは、「早く食べものを口に入れたい」という気持ちで、手も使わないで食べものを取りに行くようになります。その食べたがっている様子から「のどから手が出る」ということわざが生まれたそうです。

　一方、このことわざには、「のどから手が出る」ようかいがいたのではないかという話もあります。ほしくてほしくてたまらなく、のどから手が出ているようかいのすがたを思いうかべて、このことわざをおぼえてみてくださいね。

　今では、ものがたくさんあってかんたんに買うことができるようになりました。それでも、「のどから手が出る」ほどほしいと思っているものがあると思います。みなさんの「のどから手が出る」ほどほしいものは何ですか。

1　「のどから手が出る」의 의미로 알맞은 것을 고르시오.

①　ほしいものを自分のものにしたという意味

②　心からほしいので、手だけではなく、のどからもう一本手が出るという意味

③　のどから手が出るようかいがいたという意味

④　ものがたくさんあって簡単に買うことができるという意味

2　(　　　　　) 안에 들어갈 말을 본문에서 찾아 쓰시오.

昔は雨がふらなかったり、(①　　　　　) が来たりして、田畑でお米などが
(②　　　　　) ということが多くありました。おなかが (③　　　　) 人たちは
「早く食べものを口に入れたい」という気持ちで、(④　　　　　) で食べも
のを取りに行くようになります。

WORD

のど 목구멍, 인후	もの 물건	手(て)に入(はい)る 손(수중)에 들어오다
心(こころ)から 마음으로부터, 진심으로	両方(りょうほう) 양방, 쌍방	〜本(ほん) 자루, 개(가늘고 긴 것을 셀 때)
もう一本(いっぽん) 한 개 더	どんなに 아무리	それでは 그럼, 그렇다면
ほとんどない 거의 없다	雨(あめ) 비	田畑(たはた) 논밭, 전답
死(し)ぬ 죽다	おなかがすく 배가 고프다	早(はや)い 이르다, 빠르다
取(と)る 집다, 잡다	一方(いっぽう) 한편	ようかい 요괴
たまる 참다, 견디다	すがた 모습	思(おも)いうかべる 떠올리다
おぼえる 외우다, 기억하다	それでも 그래도, 그러나	〜ほど 〜정도, 〜만큼

문법 알기 ✻

❶ どんなに〜ても　아무리 ~해도

동사의 て형에 접속하여 앞에서 말한 조건, 상황, 상태에 있어서 어떠한 영향도 없다는 의미를 나타
낸다. 이미 일어난 일에 사용한다.

- **どんなに**困っていても、だれも手つだってくれなかった。
  아무리 곤란해 해도 아무도 도와주지 않았다.

- **どんなに**追い払っても、犬はまたここに来ました。
  아무리 쫓아내도 개는 다시 여기에 왔습니다.

❷ 〜ということ　~라는 것(일)

이야기나 지식, 사건 등의 내용을 구체적으로 서술할 때 사용한다.

- ニュースで、明日雨がふる**ということ**を言っていたよ。
  뉴스에서 내일 비가 온다는 것을 말했어.

- 外国語で話す**ということ**は、とてもたのしいです。
  외국어로 말한다는 것은 아주 즐겁습니다.

❸ 〜まま　~인 채, ~대로

명사+の, い형용사 기본형, な형용사 어간+な, 동사 た형·ない형에 접속하여 같은 상태가
변하지 않고 지속되는 것을 나타낸다.

- あそんだあとは、出した**まま**にしないで、かたづけましょう。
  논 뒤에는 꺼낸 채로 두지 말고 정리합시다.

- イムさんは、映画をさいごまで見ない**まま**帰りました。
  임OO 씨는 영화를 끝까지 보지 않은 채 돌아갔습니다.

④ ～たがる   ～하고 싶어 하다

～たい(～하고 싶다)는 자신의 감정을 말하거나 상대방에게 묻는 의문문에만 쓸 수 있기 때문에, 제 3자의 감정을 표현하려면 ～たがる를 써야 한다. 동사의 ます형에 접속한다.

- みんな、村_{むら}での生活_{せいかつ}の話_{はなし}を、聞_ききたがっていますよ。
  모두 시골에서의 생활에 관한 이야기를 듣고 싶어 해요.

- ユンさんは、このあいだ学校_{がっこう}であったことを、とても話_{はな}したがっている。
  윤OO 씨는 일전에 학교에서 있었던 일을 매우 말하고 싶어 한다.

⑤ ～のではないか   ～이 아닐까(확인·추측)

상대방에게 자신의 추측을 확인할 때, 또는 말하는 사람의 불확실한 추측을 나타낼 때 사용한다.

- 今日_{きょう}はすごくあついから、家_{いえ}にいたほうがいいのではないか。
  오늘은 아주 더우니까 집에 있는 편이 좋지 않을까?

- 電話_{でんわ}に出_でないなら、番号_{ばんごう}をまちがっているのではないか。
  전화를 받지 않는다면 번호를 틀린 게 아닐까?

⑥ ～てたまらない   ～해서 견딜 수 없다, 너무 ～하다

감정·감각을 나타내는 형용사의 て형에 접속하여 견딜 수 없는 정도란 의미를 나타낸다. 접속하는 말을 두 번 반복하면 강조의 의미가 된다.

- 母_{はは}は、外国_{がいこく}にいるむすこに会_あいたくてたまらないそうだ。
  어머니는 외국에 있는 아들을 만나고 싶어서 견딜 수 없다고 한다.

- 昔_{むかし}は、寝_ねているときに水_{みず}の音_{おと}が聞_きこえると、こわくてたまりませんでした。
  옛날에는 자고 있을 때 물소리가 들리면 너무 무서웠습니다.

확인 문제

1 다음 괄호 안에 들어갈 말로 알맞은 것을 보기에서 고르시오.

1 かぜをひいたので（　　　　）がとても痛いです。

2 私の家には、犬と猫の（　　　　）をかっています。

3 つなみで、この町の（　　　　）の家がなくなってしまった。

4 先生の話によると、彼は日本の県を全部（　　　　）そうです。

> **보기**　両方　　ほとんど　　おぼえた　　のど

2 다음 괄호 안에 들어갈 말로 알맞은 것을 고르시오.

1 彼は、いつも人の話を（　　　　）たがる。

A 知る　　　　　B 知ら　　　　　C 知り　　　　　D 知ろう

2 弟は、知らないことは（　　　　）たまらないようです。

A 調べて　　　　B 調べたくて　　C 調べようて　　D 調べなくて

3 それは、彼の宿題を手つだう（　　　　）ですか。

A というから　　B というところ　　C というので　　D ということ

4 彼女は、さようならと言わない（　　　　）いなくなった。

A よう　　　　　B から　　　　　C まま　　　　　D まで

3 ___★___ 안에 들어갈 말로 알맞은 것을 고르시오.

1 母に、今夜は家に _____ _____ ★ _____ 言いました。

   A ことを　　　　B 帰るのが　　　　C おそくなる　　　D という

2 本を _____ _____ ★ _____ ですか。

   A なのでは　　　B かばんに　　　　C 入れたまま　　　D ない

3 あの漢字は _____ ★ _____ _____ よね。

   A まちがって　　B 考えても　　　　C どんなに　　　　D いる

4 たぬきうどんを _____ _____ ★ _____ 。

   A ありませんから　　B たまりません　　C 食べたくて　　　D 食べたことが

4 다음 [　　　] 의 말을 이용하여 올바른 문장을 만드시오.

1 意見を言います。だれも聞いてくれません。 どんなに～ても

   ➡ _____ 。

2 まどをあけます。あそびに行きました。 ～まま

   ➡ _____ 。

3 子どもたちは、いつもそふの家に行きます。 ～たがる

   ➡ _____ 。

4 新しい車に乗ってドライブに行きたいです。 ～てたまらない

   ➡ _____ 。

COMIC

~だって ~래〈전문〉 **気持(きも)ちがわるい** 속이 안 좋다, 징그럽다 **そのまま** 그대로 **すごく** 아주, 굉장히
感(かん)じ 느낌

제12화

목구멍만 넘어가면 뜨거움을 잊는다

のど元すぎれば
熱さをわすれる

もと
あっ

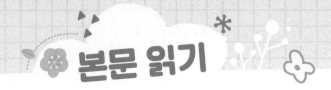

のど元すぎれば熱さをわすれる

　韓国には、「カエルがおたまじゃくしのころを思い出せない」ということわざがありますが、日本でおなじ意味を持つことわざをごぞんじですか。それは「のど元すぎれば熱さをわすれる」です。なべのようなとても熱いものを食べると、かむことも飲むこともできなくなってしまい、とてもくるしいです。しかし、一度のどをとおりすぎると、その熱さはぜんぜん感じなくなってしまいます。その様子から、大変なこともすぎてしまったら、その大変さもわすれてしまうというような意味を持つようになりました。

　このほかにも、このことわざには自分が大変だったときに助けてもらったのに、大変でなくなると助けてもらったことを簡単にわすれてしまう、というような意味もあります。それで大変だったことや、助けてもらったことをわすれてはいけないという意味で、それをわすれた人を悪く言ったり注意をしたりするときに、このことわざはよく使われます。

　でも、福沢諭吉のように、そうではない使い方をした人もいます。福沢諭吉は、明治時代に慶応義塾を作り、わかい人に教育をした人で、彼の本の中に、このことわざと関係のある有名な話が出てきます。そこには、「のど元すぎれば熱さをわすれると言うように、大変なこともすぎてしまったら、たいしたことではない。お金がないときの生活は大変でも、あとでそのときのことを思い出すと、わらってしまうこともある」と書かれています。

　福沢諭吉のように「熱さをわすれる」ことはふつうのことだと言う人もいるかもしれません。でも、まわりから、「あなたは、のど元すぎれば熱さをわすれるよね。気をつけなさい。」とひはんされないようにご注意くださいね。

내용 체크

1 「のど元すぎれば熱さをわすれる」의 의미로 알맞은 것을 고르시오.

① カエルがおたまじゃくしのころを思い出せるという意味

② 熱いものを食べても、ぜんぜんくるしくないという意味

③ 大変なこともすぎてしまったら、わすれてしまうという意味

④ 大変だったときに助けてもらったことを、ずっとおぼえているという意味

2 ( ) 안에 들어갈 말을 본문에서 찾아 쓰시오.

福沢諭吉は、慶応義塾を作り、(①) に教育をした人で、彼の本の中に「お金がないときの生活は(②) でも、あとでそのときのことを(③) と(④) こともある」と書かれています。

のど元(もと) 목구멍 맨 안쪽
わすれる 잊다, 두고 오다
ころ 때, 경, 무렵
なべ 냄비, 전골
とおりすぎる 지나가다, 통과하다
助(たす)ける 돕다, 살리다
教育(きょういく) 교육
お金(かね) 돈
わらう 웃다

すぎる 지나다, 통과하다
カエル 개구리
思(おも)い出(だ)す 생각해내다, 회상하다
かむ 씹다
ぜんぜん 전연, 전혀
使(つか)い方(かた) 사용(방)법
彼(かれ) 그(사람), 그이
ない 없다
気(き)をつける 조심하다, 주의하다

熱(あつ)い 뜨겁다
おたまじゃくし 올챙이
くるしい 괴롭다
感(かん)じる 느끼다
わかい 젊다
たいした 대단한, 엄청난
あとで 나중에
ひはんする 비판하다

문법 알기 ✳

❶ ごぞんじですか 아십니까?

ごぞんじですか에서 ごぞんじだ(아시다)는, ぞんじる라는 동사에 お/ご〜だ(〜하시다)라는 존경표현이 결합된 표현이다. ぞんじる는 知る, 思う의 겸사말이다.

- **カチカチ山の話をごぞんじですか。**
  딱딱산 이야기를 아십니까?

- **この門に字を書いた人をぞんじています。**
  이 문에 글자를 쓴 사람을 알고 있습니다.

❷ 〜さ ~함, ~움

熱さ, 大変さ와 같이 い・な형용사의 어간에 さ를 붙이면 명사형이 된다.

- **山本さんのむすめさんのかわいさは、町でも有名だった。**
  야마모토 씨 따님의 귀여움은 동네에서도 유명했다.

- **パソコンを使ってはじめて、その便利さを知りました。**
  컴퓨터를 사용해서야 비로소 비로서 그 편리함을 알았습니다.

❸ 〜というような ~라는(식의), ~와 같은

〜という는 '~라(고 하)는'의 뜻으로 인용할 때 쓰는 표현이다. 여기에 〜ような가 붙은 〜というような는 어떤 취지를 나타낼 때 쓰며 따로 해석은 되지 않는다. 〜みたいな와 같은 의미로 사용된다.

- **彼はかぜをひいて当然というようなうすい服をきていた。**
  그는 당연히 감기에 걸릴 것 같은 얇은 옷을 입고 있었다.

- **兄は、その話をはじめて聞いたというような顔をしていた。**
  형은 그 이야기를 처음 들은 것 같은 얼굴을 하고 있었다.

④ 〜のに　〜인데(도)

예상과는 다른 결과로 인한 말하는 사람의 실망이나 유감, 후회, 불만을 나타낸다. 동사의 보통형에 접속한다.

- 去年、家を買ったのに、地震でなくなってしまった。
  작년에 집을 샀는데, 지진으로 없어지고 말았다.

- 急いでレポートを書いたのに、提出は来週まででした。
  서둘러서 리포트를 썼는데, 제출은 다음 주까지였습니다.

⑤ 〜なさい　〜하시오, 〜하세요

동사의 ます형에 접속하여 지시나 명령의 의미를 나타낸다.

- もうあの人のことはわすれなさい。
  이제 그 사람 일은 잊으세요.

- とても忙しいから、猫の手でもかりて来なさい。
  너무 바쁘니까 고양이 손이라도 빌려 오세요.

⑥ お/ご〜ください　〜해 주십시오

「お + 동사의 ます형 + ください」「ご + 한자어 + ください」의 형태로, 상대방에게 무언가를 요청할 때 사용하는 존경표현이다.

- ここでもう少しお待ちください。
  여기에서 좀 더 기다려 주십시오.

- 説明がわからないときは、ご質問ください。
  설명이 이해가 가지 않을 때는 질문해 주십시오.

확인 문제

① 다음 괄호 안에 들어갈 말로 알맞은 것을 보기에서 고르시오.

1 新しいパソコンの（　　　　　　）をおしえましょうか。

2 プロ野球選手は、いつもガムを（　　　　　　）。

3 昔のアニメを見ながら、子どものころのことを（　　　　　　）。

4 くらいですから、この公園の近くでは、（　　　　　　）ほうがいいですよ。

> **보기** 思い出す　　かんでいる　　使い方　　気をつけた

② 다음 괄호 안에 들어갈 말로 알맞은 것을 고르시오.

1 外国に行くときは、しっかり外国語を勉強（　　　　）なさい。

  A して　　　　　B し　　　　　C しよう　　　　D します

2 日本には、もちやあんこ（　　　　）ものを使ったおかしがあります。

  A というような　　B のように　　C というように　　D とした

3 あの店のうどんの（　　　　）は、わすれられない。

  A おいしい　　　B おいしくて　　C おいしさ　　　D おいしかった

4 ぼたもちの作り方を（　　　　）。

  A おしりですか　　B ごしりですか　　C おぞんじですか　　D ごぞんじですか

3 다음 각 단어를 순서에 맞게 올바른 문장으로 만드시오.

1 くださいᐟ このざっしはᐟ お読みᐟ ご自由に

   ➡ _____。

2 ありますᐟ ことばがᐟ 泣き虫やᐟ というᐟ 弱虫ᐟ ような

   ➡ 日本語には_____。

3 プリンをᐟ だれかがᐟ 思ったᐟ 食べようとᐟ のに

   ➡ _____食べてしまった。

4 いますᐟ 意味をᐟ このᐟ ぞんじてᐟ ことわざの

   ➡ _____。

4 다음 [   ] 의 말을 이용하여 올바른 문장을 만드시오.

1 今日は10時までに帰ってきます。 ～なさい

   ➡ _____。

2 昨日先生に注意されました。また宿題をわすれました。 ～のに

   ➡ _____。

3 あの山は高いです。どのぐらいですか。 ～さ

   ➡ _____。

4 この和室を使う。 お／ご～ください

   ➡ _____。

COMIC

꽃보다 경단

<ruby>花<rt>はな</rt></ruby>よりだんご

花よりだんご
（はな）

「花よりだんご」ということわざを、一度は聞いたことがあると思います。この
（はな）　　　　　　　　　　　　　　　　（いちど）（き）　　　　　　　　　　　　　　　　　　　　　（おも）
ことわざは、お花見に来て、さくらの花を見てたのしむよりも、だんごを食べるほ
　　　　　　（はなみ）（き）　　　　　　　　（はな）（み）　　　　　　　　　　　　　　　　　　　　（た）
うがいいということです。それでこのことわざには、見た目よりも実利を重視する
　　　　　　　　　　　　　　　　　　　　　　　　　　（み）（め）　　　　（じつり）（じゅうし）
という意味といっしょに、そのものの本当の価値がわからない人間をわらう意味も
　　　（いみ）　　　　　　　　　　　　　　（ほんとう）（かち）　　　　　　　（にんげん）
あります。

お花見とだんごは、日本を代表することばですが、どうして「花よりだんご」
　（はなみ）　　　　　　　　　（にほん）（だいひょう）　　　　　　　　　　　　　　（はな）
というのでしょうか。その理由を見てみましょう。知っているかどうかわかりませ
　　　　　　　　　　　　　（りゆう）（み）　　　　　　　　　　（し）
んが、だんごにはいろいろな種類があります。その一つである「みたらしだんご」
　　　　　　　　　　　　　　（しゅるい）　　　　　　　　（ひと）
は、京都のおまつりのときに作られるようになったのがはじまりだそうです。ま
　（きょうと）　　　　　　　　　　　（つく）
た、今のようにさくらをたのしむお花見は、平安時代に貴族たちのあいだではじま
　　（いま）　　　　　　　　　　　　　（はなみ）（へいあんじだい）（きぞく）
り、それまではうめの花でした。

そして、お花見では、「みたらしだんご」のようなあまいおかしを食べていまし
　　　　　（はなみ）
た。江戸時代になって、普通の人たちのあいだでもお花見をたのしむようになり、
　（えど）（じだい）　　　　（ふつう）　　　　　　　　　　　　　　（はなみ）
それをきっかけに、貴族たちが食べていただんごも食べるようになったそうです。
そのときに、お花見で売っていただんごがとても人気があり、それで「花よりだん
　　　　　　（はなみ）（う）　　　　　　　　　　　　（にんき）
ご」ということわざが生まれました。もしかしたら、江戸時代の人たちも、きれい
にさいているさくらの花よりも、お店で売っているだんごのほうに目が行っていた
　　　　　　　　　　（はな）　　　（みせ）（う）　　　　　　　　　　　（い）
のかもしれません。

今でも日本では、春になると公園などでお花見をします。お花見では、さくら
　（いま）（にほん）　　（はる）　　　（こうえん）
を見てたのしみますが、さくらの木のしたにすわって、お弁当などを食べたり、お
　　　　　　　　　　　　　（き）　　　　　　　　　（べんとう）
酒を飲んだりしてもかまいません。しかし、食べてばかりいると、まわりの人から
（さけ）（の）
「花よりだんごですか？ 花を見なくてもいいんですか？」と言われるかもしれませ
　　　　　　　　　　　（はな）　　　　　　　　　　　　　　（い）
ん。だから、さくらの花もたのしんだほうがいいですよ。たまには、季節のものを
　　　　　　　　　　　　　　　　　　　　　　　　　　　（きせつ）
たのしむことも大切ですからね。
　　　　　　（たいせつ）

1 「花(はな)よりだんご」의 의미로 알맞은 것을 고르시오.

① お花見(はなみ)に来(き)てだんごを食(た)べている人(ひと)がいるという意味(いみ)

② ものの本当(ほんとう)の価値(かち)がわからない人をわらっているという意味

③ 春(はる)に公園(こうえん)などでお弁当(べんとう)を食べたりお酒(さけ)を飲(の)んだりするという意味

④ さくらの花のような季節(きせつ)のものをたのしむことも大切(たいせつ)だという意味

2 본문의 내용과 맞는 것을 고르시오.

① みたらしだんごは、おおさかのおまつりのときに作(つく)られるようになった。

② お花見(はなみ)は、平安時代(へいあんじだい)に普通(ふつう)の人(ひと)たちのあいだではじまった。

③ 貴族(きぞく)たちは、普通の人たちが食(た)べていただんごを食べるようになった。

④ 江戸(えど)時代にお花見で売(う)っていただんごがとても人気(にんき)があり、このことわざが生(う)まれた。

だんご 경단	**お花見(はなみ)** 꽃구경	**さくら** 벚꽃
たのしむ 즐기다	**見(み)た目(め)** 겉보기, 볼품	**実利(じつり)** 실리
重視(じゅうし) 중시	**そのもの** 바로 그것, 그 자체	**価値(かち)** 가치
わかる 알다, 이해하다	**わらう** 웃다, 비웃다	**代表(だいひょう)する** 대표하다
いつ 언제	**種類(しゅるい)** 종류	**一(ひと)つ** 하나, 한 개
おまつり 제사, 축제	**はじまり** 시작, 시초	**貴族(きぞく)** 귀족
あいだ 사이	**はじまる** 시작되다	**うめ** 매실
売(う)る 팔다	**人気(にんき)** 인기	**きれいに** 예쁘게
さく (꽃이) 피다	**目(め)が行(い)く** 시선(눈길)이 가다	**春(はる)** 봄
すわる 앉다	**お弁当(べんとう)** 도시락	**お酒(さけ)** 술
たまには 가끔은	**季節(きせつ)のもの** 제 철의 것	**大切(たいせつ)** 중요함, 소중함

문법 알기 ✱

❶ ~より~ほうが   ~보다 ~(쪽)이

동사의 사전형에 より와 ほうが를 접속하여 두 개의 행위를 비교하는 의미로 사용한다.

- 学校までは、バスに乗るより歩くほうが早い。
  학교까지는 버스를 타는 것보다 걸어가는 편이 빠르다.

- 日曜日は、どこかあそびに行くより家でやすむほうが好きです。
  일요일에는 어딘가 놀러가는 것보다 집에서 쉬는 쪽을 좋아합니다.

❷ ~かどうか   ~는지 어떤지

동사·い형용사의 보통형+か, 명사·な형용사의 어간+か에 접속하여 의심이 들거나 판단이

잘 서지 않을 때 사용한다.

- 今日は雨がふるかどうか天気予報を見ます。
  오늘은 비가 올지 어떨지 일기예보를 봅니다.

- この店の料理がおいしいかどうかおしえてください。
  이 가게의 요리가 맛있는지 어떤지 알려 주세요.

❸ ~をきっかけに(して)   ~을 계기로 (해서)

어떤 일을 시작하는 기회나 원인, 동기를 말할 때 사용한다.

- テレビにかわいい犬が出ていたことをきっかけに犬をかうことにしました。
  TV에 귀여운 개가 나온 것을 계기로 개를 키우기로 했습니다.

- 日本のドラマをきっかけにして、日本語の勉強が好きになりました。
  일본 드라마를 계기로 해서, 일본어 공부를 좋아하게 되었습니다.

❹ ～てもかまわない ~해도 상관없다

동사의 て형에 접속하여 허가, 허용의 의미를 나타낸다.

・ だんごを食べたかったら、買ってきてもかまわない。
  경단을 먹고 싶으면 사와도 상관없다.

・ 大変なときは、友だちに手つだってもらってもかまいませんよ。
  힘들 때는 친구에게 도움을 받아도 상관없어요.

❺ ～てばかり ~하고만

동사의 て형에 접속하여 어떤 동작이나 상태가 반복되고 있는 것에 대한 비판적인 태도를 나타낸다.

・ 姉は、土曜日と日曜日はいつも一日中寝てばかりです。
  누나는 토요일과 일요일에는 항상 하루종일 자기만 합니다.

・ むすこは、会社をやめてから、毎日部屋で絵をかいてばかりいます。
  아들은 회사를 그만두고 나서, 매일 방에서 그림을 그리고만 있습니다.

❻ ～なくてもいい ~하지 않아도 된다

동사의 ない형에 접속하여 '~할 필요가 없다'는 의미를 나타낸다.

・ 明日は、仕事がやすみですから、早く起きなくてもいいです。
  내일은 일을 쉬니까 일찍 일어나지 않아도 됩니다.

・ だれでもまちがえることはありますから、あまり気にしなくてもいいです。
  누구나 틀릴 때는 있으니까 그다지 신경쓰지 않아도 됩니다.

확인 문제

1 다음 괄호 안에 들어갈 말로 알맞은 것을 보기에서 고르시오.

1 友だちは（　　　　　）にしなさい。

2 もうすぐ映画が（　　　　　）時間ですね。

3 近くの公園に（　　　　　）に行きませんか。

4 この本は、わかい人たちの（　　　　　）で人気があります。

> **보기**　　あいだ　　大切　　お花見　　はじまる

2 다음 괄호 안에 들어갈 말로 알맞은 것을 고르시오.

1 姉と弟 はいつもけんかして（　　　　　）います。

　A ぐらい　　　　B ほど　　　　C ばかり　　　　D など

2 母は、ケーキ（　　　　　）ぼたもちのほうが好きです。

　A から　　　　B より　　　　C まで　　　　D ので

3 ファンさんの本は、まだ持って（　　　　　）いいですよ。

　A かなくても　B きなくても　C こなくても　D くなくても

4 日本のまつりを（　　　　　）に、まつりのことを調べるようになりました。

　A きっかけ　　B おわり　　　C なかなか　　D やすい

3 _____ ★_____ 안에 들어갈 말로 알맞은 것을 고르시오.

1 この部屋から _____ _____ ★_____ _____ わかりますか。

  A どうか   B みえる   C ふじ山が   D か

2 _____ _____ ★_____ _____ たのしいです。

  A ほうが   B 野球は   C する   D 見るより

3 _____ _____ ★_____ _____ 。

  A か   B 見ても   C この本を   D かまいません

4 お正月は _____ _____ ★_____ _____ 。

  A おぞうにを   B ばかり   C 食べて   D でした

4 다음 [   ] 의 말을 이용하여 올바른 문장을 만드시오.

1 このだんごを食べます。おしえてください。 ~かどうか

  ➜ _____ 。

2 兄ははたらかないで、いつもあそびます。 ~てばかり

  ➜ _____ 。

3 今、田中さんに電話をする。 ~てもかまわない

  ➜ _____ 。

4 自分で作りますから、スーパーで買いません。 ~なくてもいい

  ➜ _____ 。

COMIC

WORD

全部(ぜんぶ) 전부 　**フードトラック** 푸드트럭 　**いや** 아니 　**おいしい** 맛있다

い형용사 어간+そうだ ~한 것 같다 　**まったく** 완전, 정말이지

제14화

七十五日

\# 남의 소문도 75일

人のうわさも
ひと
七十五日
しち じゅう ご にち

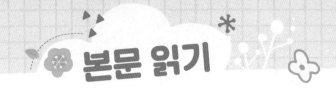

人のうわさも七十五日

みなさんは、友だちとよくだれかのうわさ話をしますか。「うわさをする」というのは、本当かどうかよりも、だれかから聞いた話をほかの人に話すことを言います。そういう話は、昔、かべに書かれていた落書きでした。そして、今は多くの人がインターネットを使うようになって、ネットの掲示板やSNSなどに、いろいろなうわさ話が書かれています。そんな「うわさ」を使ったことばの中で有名なのが「人のうわさも七十五日」ということわざです。どんなうわさでも、人は忘れやすいから、何もしないでそのままにしておくほうがいいという意味です。でも、どうして七十五日なのでしょうか。その理由を紹介しましょう。

それは季節と関係があります。日本には春・夏・秋・冬という４つの季節があります。そして立春、立夏、立秋、立冬というそれぞれの季節がはじまる日がありますが、その前のやく18日を「土用」と言います。これは、季節がかわる様子をはっきりと確認するための日の一つです。昔は、「四季」と「土用」をあわせて５つの季節があると考え、五季と言っていました。それで、１年365日を５でわると73日になります。昔は陰暦だったので、70日から75日ほどが、一つの季節になります。このことから、季節をすぎると、人のうわさ話は自然に忘れられていくと考えられていました。

この「人のうわさも七十五日」は、江戸時代に生まれたと言われています。もっと昔は、100日でした。いくらうわさでもなくなるのに３ヶ月もかかるのは長いですよね。今はインターネットの時代なので、七十五日でおわらないで、数年後にまたうわさになることもあります。今の時代のこわさと思われているところです。でも、さわげばさわぐほど、うわさは長くなりますので、それまでは静かにしていましょうね。

내용 체크

1 「人のうわさも七十五日」의 의미로 알맞은 것을 고르시오.

① だれかから聞いた話をほかの人に話すという意味

② 昔、かべに書かれていた落書きという意味

③ ネットの掲示板やSNSなどに書かれているいろいろなうわさ話という意味

④ 人はうわさをすぐ忘れるから、そのままにしておくほうがいいという意味

2 (   ) 안에 들어갈 말을 본문에서 찾아 쓰시오.

日本には春・夏・秋・冬という４つの（①   ）があります。そして
（②   ）・立夏、立秋、立冬というそれぞれの（①   ）がはじまる
日がありますが、その前のやく18日を「（③   ）」と言います。これは
（①   ）がかわる様子を（④   ）と確認するための日の一つです。

WORD

うわさ 소문	うわさ話(ばなし) 소문(에 오른 이야기), 세상 이야기	
本当(ほんとう) 정말	ほかの人(ひと) 다른 사람	かべ 벽
落書(らくが)き 낙서	多(おお)くの 많은	インターネット 인터넷
ネット 인터넷의 준말, 인터넷	掲示板(けいじばん) 게시판	忘(わす)れる 잊다, 두고 오다
やく 약, 대략	かわる 변하다, 바뀌다	はっきりと 분명히, 확실하게
確認(かくにん) 확인	～ための ～위한	四季(しき) 4계절
あわせる 합치다	五季(ごき) 5계절	わる 나누다
陰暦(いんれき) 음력	すぎる 지나다, 넘다	自然(しぜん)に 자연스럽게
なくなる 없어지다	かかる (시간·거리 등이) 걸리다	おわる 끝나다
数年後(すうねんご) 몇 년 후	ところ 곳, 부분	さわぐ 떠들다, 소란 피우다
それまでは 그때까지는	静(しず)か 조용함	

문법 알기 ✱

① **〜ておく** ~해 두다(놓다)

동사의 て형에 접속하여 어떤 목적을 위해 미리 일을 끝내거나 준비를 한다는 의미를 나타낸다.

또는 아무것도 하지 않고 방치한다는 의미도 있다.

- 学生のときに、いろいろな経験をしておくほうがいい。
  학생 때 다양한 경험을 해 두는 편이 좋다.

- まだ空いている部屋があるか、電話で聞いておきます。
  아직 비어 있는 방이 있는지 전화로 물어 봐 두겠습니다.

② **〜ていく** ~해 가다(지다)

동사의 て형에 접속하여 현재 시점부터 미래를 향한 추이와 변화를 나타낸다.

- ここに新しい町を作っていくことになりました。
  여기에 새 마을을 만들어 가게 되었습니다.

- インターネットで、毎日の生活が大きくかわっていっています。
  인터넷으로 매일의 생활이 크게 변해가고 있습니다.

③ **いくら〜でも(ても)** 아무리 ~라도(해도)

수량과 정도가 어느 수준이 되어도 영향을 주지 않는 것을 나타낸다. 뒤에는 주로 부정적인 뉘앙스의 문장이 온다. 명사·な형용사 어간+でも, い형용사 어간+くても, 동사의 て형+も의 형태로 접속한다.

- いくら先生でも、まちがえることはあります。
  아무리 선생님이라도 틀리는 일은 있습니다.

- いくら田中さんが足が早くても、10分後にここに着くのはむずかしいです。
  아무리 다나카 씨가 발이 빨라도, 10분 후에 여기에 도착하는 것은 어렵습니다.

4 **〜のに** ~하는 데

동사의 사전형에 접속하여 목적이나 용도, 경우를 나타낸다. 유감을 나타내는 〜のに(~인데도)와 구분하도록 한다.

- 空港へ行くのにタクシーをよく使っています。
  공항에 가는 데 택시를 자주 이용하고 있습니다.

- スマートフォンは、とった写真を友だちへおくるのに便利です。
  스마트폰은 찍은 사진을 친구에게 보내는 데 편리합니다.

5 **〜も** ~이나

수량이 많거나 시간이 많이 걸리는 것을 강조하여 나타낸다.

- この村からとなりの村まで、歩いて1時間もかかります。
  이 마을에서 옆 마을까지 걸어서 1시간이나 걸립니다.

- 冷蔵庫にたまごが60個もあります。
  냉장고에 달걀이 60개나 있습니다.

6 **〜ば〜ほど** ~하면 ~할수록

동사의 ば형과 사전형+ほど를 결합한 형태로, 앞의 내용이 변화함에 따라 뒤의 내용도 함께 변화해 가는 것을 나타낸다.

- 話せば話すほど、彼がいい人だということがわかった。
  이야기하면 할수록 그가 좋은 사람이라는 것을 알았다.

- 本は読めば読むほど、いろいろなことを知ることができますよ。
  책은 읽으면 읽을수록 다양한 것을 알 수가 있어요.

확인 문제

1 다음 괄호 안에 들어갈 말로 알맞은 것을 보기에서 고르시오.

1 家にだれもいないので、とても（　　　　）です。

2 今から行きますが、バスで1時間ほど（　　　　）そうです。

3 その（　　　　）は、本当じゃないと言っておくほうがいいよ。

4 外でわかい人たちが（　　　　）ので、寝ることができない。

> **보기**　　うわさ　　　かかる　　　さわぐ　　　静か

2 다음 괄호 안에 들어갈 말로 알맞은 것을 고르시오.

1 この野菜がいくら（　　　　）自分は買わない。

    A 安いて　　　　　B 安くても　　　　C 安くで　　　　D 安いでも

2 父と母は、これから家のにわで野菜を（　　　　）いくことにしました。

    A 作る　　　　　B 作り　　　　　C 作ろう　　　　D 作って

3 この本を書くのに、5年（　　　　）かかった。

    A も　　　　　　B に　　　　　　C で　　　　　　D の

4 来月、母の日なのでお金をおくって（　　　　）。

    A ありました　　B おきました　　C いました　　D いきました

3 다음 각 단어를 순서에 맞게 올바른 문장으로 만드시오.

1 学校まで／前でも／駅の／いくら

　➡ _____ 2 時間ぐらいかかる。

2 すぎる／ほど／時間が／すぎれば

　➡ _____、この価値は高くなります。

3 カレーを／おきました／ので／作って

　➡ 明日は家にいない_____。

4 レポートを／パソコンを／のに／書く／宿題の

　➡ _____使いました。

4 다음 ▨▨▨▨의 말을 이용하여 올바른 문장을 만드시오.

1 社会に出てからも外国語の勉強を続けます。 〜ていく

　➡ _____。

2 ごはんを食べます。はしを使います。 〜のに

　➡ _____。

3 山からおりるのに、2日かかりました。 〜も

　➡ _____。

4 はいくを書きます。とてもたのしくなります。 〜ば〜ほど

　➡ _____。

COMIC

122

제15화

내년의 일을 말하면 도깨비가 웃는다

らいねん
来年のことを
い
言うと
おに
鬼がわらう

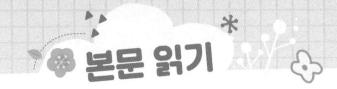
来年のことを言うと鬼がわらう

　毎年12月になると、「来年は会社に入る」や「こいびとをつくる」など、つぎの年の計画や目標をたてる人が多いと思います。そんな中で、できるはずがない計画をたてる人に使うことわざがあります。それが「来年のことを言うと鬼がわらう」です。このことわざには、明日のことさえわからないのに将来のことを言ってもしかたがないとか、わからない未来のことを言うと、鬼もおかしく思ってわらってしまうという意味があります。

　日本では、鬼は赤い色や青い色をしていて、頭に2本のつのがあり、てつの棒を持ち、とてもこわい顔をしています。それで、人はみんなこわがります。では、なぜこのことわざでは、鬼はわらっているのでしょうか。

　鬼がわらうのは、本当にめずらしいことですが、そんな鬼でも来年の話をすると、おかしくてわらってしまうんでしょうね。また、鬼は、人間がどれぐらい生きることができるのかを知っていると言われています。もうすぐ死ぬ人が来年の話をしているのを見て、そんな話をしてもしかたがないのにばかだとわらっているのです。

　熊本の昔話にもわらう鬼が出てきます。この鬼は、だんご汁が大好きでした。ある日、だんご汁を食べすぎたので、お坊さんたちがかたい竹を入れたら、食べにくくなり、鬼の歯がおれてしまいました。でも、お坊さんが、来年になったらまた歯がはえてくるよと教えてくださったので、鬼はわらったという話です。このように鬼がわらったのは、うれしかったかもしれませんが、人をばかにしてわらったんでしょうね。

　同じようなことわざとして、「明日のことを言えば、天井でねずみがわらう」や「来年のことを言えばからすがわらう」などがあります。みなさんも、明日何が起こるかわからないのに来年の話をすると、鬼だけではなくねずみやからすにもわらわれてしまいますから、注意しましょうね。

1 「来年のことを言うと鬼がわらう」의 의미로 알맞은 것을 고르시오.

① つぎの年の計画や目標をたてるのが鬼だという意味

② できない計画をたてる人を鬼がわらっているという意味

③ 明日のこともわからないのに、未来のことを言うと鬼もわらってしまうという意味

④ 将来のことを言ってもしかたがないので、それを鬼はわらわないという意味

2 본문의 내용과 맞는 것을 고르시오.

① 鬼は頭に2本のつのがあり、てつの棒を持っているが、とてもやさしい顔をしている。

② 鬼は人間がどれぐらい生きることができるのかを知っている。

③ もうすぐ死ぬ人が来年の話をしているのを見て、鬼がないている。

④ お坊さんがだんご汁に入っていた竹を食べたら、歯がおれてしまった。

WORD

鬼(おに) 귀신, 도깨비	毎年(まいとし) 매년	こいびと 연인, 애인
つぎ 다음	目標(もくひょう) 목표	将来(しょうらい) 장래
未来(みらい) 미래	おかしい 우습다, 이상하다	青(あお)い 파랗다
頭(あたま) 머리	つの 뿔	てつ 철
めずらしい 드물다, 희귀하다	人間(にんげん) 인간, 사람	どれぐらい 얼마나
生(い)きる 살다	もうすぐ 이제 곧	ばか 어리석음, 바보, 멍청이
大好(だいす)きだ 아주 좋아하다	お坊(ぼう)さん 스님	かたい 단단하다, 딱딱하다
竹(たけ) 대나무	歯(は) 치아, 이	おれる 부러지다, 꺾이다
はえる 나다	うれしい 기쁘다	ばかにする 깔보다, 업신여기다
天井(てんじょう) 천장	起(お)こる 일어나다, 발생하다	

문법 알기 *

① ~はずがない ~할 리가 없다

동사의 사전형에 접속하여 확신을 가지고 '절대 ~이 아니다'라는 의미로 사용한다.

- 田中さんが、そんなことを言うはずがない。
  다나카 씨가 그런 말을 할 리가 없다.

- 寺田さんが道をまちがえるはずがない。
  테라다 씨가 길을 틀릴 리가 없다.

② ~さえ ~도, ~조차

명사에 접속하여 극단적인 사항을 예로 제시하여 다른 것도 그럴 거라고 추측하게 할 때 사용한다.

- このことばの意味は、子どもさえ知っているよ。
  이 단어의 의미는 아이도 알고 있어.

- 忙しくて寝る時間さえないのに、あそびに行くんですか。
  바빠서 잘 시간조차 없는데 놀러 가는 겁니까?

③ ~てもしかたがない ~해도 어쩔 수가 없다(소용없다)

동사의 て형에 접속하여 '~해도 의미가 없다', '~해도 소용없다'라는 의미를 나타낸다.

- ちゃんと人の話を聞いていないから、注意されてもしかたがないよ。
  남의 이야기를 제대로 듣지 않으니까 주의받아도 어쩔 수가 없어.

- 花よりお店で売っているだんごに目が行ってもしかたがない。
  꽃보다 가게에서 파는 경단에 눈이 가도 어쩔 수가 없다.

4 **〜がる**　~하게 여기다, ~워하다

제3자의 습성이나 경향을 서술할 때 쓰는 표현으로, 만약 제3자의 현재 감정을 말하고 있다면 **〜が っている**(~워하고 있다, ~워한다)를 쓴다. 감정이나 감각을 나타내는 い・な형용사의 어간에 접 속한다.

- うちの犬は、おふろに入るのをいや**がっている**。
  우리 집 개는 목욕하는 것을 싫어한다.
- キムさんは、まねきねこの人形をほし**がっている**そうです。
  김00 씨는 마네키네코 인형을 갖고 싶어한다고 합니다.

5 **〜にくい**　~하기 어렵다

동사의 ます형에 접속하여 '~하기 어렵다, ~하기 힘들다'는 뜻을 나타낸다.

- 歯がおれて、ごはんが食べ**にくい**です。
  이가 부러져서 밥을 먹기 힘듭니다.
- 忙しすぎて、週末の計画をたて**にくい**です。
  너무 바빠서 주말 계획을 세우기 어렵습니다.

6 **〜てくださる**　~해 주시다

동사의 て형에 접속하며, **〜てくれる**(~해 주다)의 존경표현으로 사용된다.

- 先生が、日本のことわざを教え**てくださいました**。
  선생님이 일본 속담을 가르쳐 주셨습니다.
- ユンさんが、ソウルを案内し**てくださいました**。
  윤00 씨가 서울을 안내해 주셨습니다.

1 다음 괄호 안에 들어갈 말로 알맞은 것을 보기에서 고르시오.

1 イさんが、ここにくるのはとても（　　　　　）です。

2 （　　　　　）、和室のある家をつくりたいです。

3 だんご汁が食べられてとても（　　　　）です。

4 父は、かたいものを食べて、歯が（　　　　）。

> **보기** 将来　　おれました　　うれしい　　めずらしい

2 다음 괄호 안에 들어갈 말로 알맞은 것을 고르시오.

1 おばけを見ただけで（　　　　　）はずがない。

    A びっくりする　　B びっくりします　　C びっくりして　　D びっくりしよう

2 今日は忙しくてお昼を食べる時間（　　　　　）ありませんでした。

    A から　　　　　B にも　　　　　C さえ　　　　　D のに

3 昔のことだから、そんなに（　　　　）しかたがないです。

    A 言うとも　　　B 言っても　　　C 言おうとも　　D 言いますとも

4 昨日、田中さんが家まで（　　　　　）くださいました。

    A おくって　　　B おくり　　　　C おくろう　　　D おくった

3 ___★__ 안에 들어갈 말로 알맞은 것을 고르시오.

1　彼女は _____ _____ __★__ _____ 。

　　A います　　　　B 服を　　　　　C ほしがって　　　D 新しい

2　学校をやめたことをまだ _____ __★__ _____ _____ 。

　　A さえ　　　　　B 家族に　　　　C いない　　　　　D 言って

3　この料理は、 _____ _____ __★__ _____ 。

　　A にくい　　　　B とても　　　　C 食べ　　　　　　D です

4　そふが _____ _____ __★__ _____ 。

　　A 写真を　　　　　　　B くださいました　C わかいときの　D 見せて

4 다음 _____ 의 말을 이용하여 올바른 문장을 만드시오.

1　みんなとても寒いです。 ～がっている

　　➡ _____ 。

2　この漢字はむずかしくて、おぼえます。 ～にくい

　　➡ _____ 。

3　彼はまじめだから、宿題を忘れません。 ～はずがない

　　➡ _____ 。

4　勉強しなかったから、試験におちます。 ～てもしかたがない

　　➡ _____ 。

COMIC

目標(もくひょう) 목표　　海外旅行(かいがいりょこう) 해외여행　　彼女(かのじょ) 그녀, 여자친구

あんた 너(あなた보다 덜 높여 부르는 말)　　なんで 왜, 어째서　　～って ～라고　　おまえ 너(남성어)

부록

///////////////////

1

본문 읽기 해석 및 내용 체크 정답

2

확인 문제 정답

본문 읽기 해석 및 내용 체크 정답

제1화

개도 쏘다니면 몽둥이에 맞는다

▶ ① 주제넘게 굴면 봉변을 당한다 ② 돌아다니다 보면 뜻하지 않은 행운을 만난다

개가 있는 집에서는 산책을 할 때 목줄을 하거나 끈 같은 것으로 묶어 놓는 일이 많습니다. 그러나 옛날에는 개는 밖을 자유롭게 돌아다녔습니다. 그런 개를 사람들은 몽둥이로 때려서 쫓아버렸습니다. 이와 같은 이야기에서 '개도 쏘다니면 몽둥이로 맞는다'라는 속담이 생겼습니다. 즉, 개도 밖을 돌아다니면 사람들에게 몽둥이로 맞는다는 나쁜 일이 생길 때도 있는 것입니다. 그러나 이 속담에는 적극적으로 뭔가를 하려고 하다가 나쁜 일을 당한다는 의미 이외에, 목적도 없이 걷고 있다가 뭔가 좋은 일을 만난다는 의미도 있습니다.

이것은 '맞다'와 '봉(몽둥이, 막대기)'의 본래 의미에 의합니다. '맞다'에는 '날아온 것에 맞는다'는 나쁜 의미와, '복권에 맞는다(당첨된다)'는 좋은 의미가 있기 때문입니다. 또 봉에는 가늘고 기다란 나무나 제비봉이라고 하는 오미쿠지(제비뽑기)에서 사용하는 막대기 등이 있는데, 제비봉에는 '재난·나쁜 결과'와 '행운·좋은 결과'라는 두 가지 의미가 있습니다. 최근에는 이 속담을 '재난·나쁜 결과'의 나쁜 의미가 아니라 '행운·좋은 결과'로 자주 사용하고 있습니다.

그런데 '개도 쏘다니면 몽둥이에 맞는다' 외에도 일본 속담에는 개가 나오는 것이 많이 있습니다. 그밖에 어떤 것이 있는지 꼭 조사해 보세요.

내용 체크 1 ④
2 ①

제2화

벽에는 귀가 있고 장지에는 눈이 있다 ▶ 낮말은 새가 듣고 밤말은 쥐가 듣는다

여러분은 친구와 누군가의 은밀한 이야기를 하고 있었을 때, 갑자기 그 사람이 방에 들어와서 "누구 이야기를 하고 있었어?"라고 말해서 놀란 적은 없습니까? 이럴 때 사용하는 속담이 '벽에는 귀가 있고 장지에는 눈이 있다'입니다. 이 속담에는 어딘가에서 누군가가 이야기를 듣고 있거나 보고 있을지도 모르니 주의해야 한다는 의미가 있습니다.

이 속담은 일본의 집과 매우 깊은 관계가 있습니다. 전통적인 일본집에서는 맹장지와 장지(미닫이문)에 나무와 종이를 사용하고 있습니다. 맹장지는 벽 대신 방과 방을 나누고 있습니다. 그리고 장지(미닫이문)는 희고 얇은 종이를 사용하여, 밖에서부터 빛을 방으로 들어가게 할 수 있게(빛이 방으로 들어올 수 있게) 되어 있습니다. 이렇게 맹장지와 장지(미닫이문)가 나무와 종이로 되어 있는 것은, 일본에는 산이 많고 나무가 근처에 많이 있기 때문입니다. 그런 종이와 나무로 만들어져 있는 일본집에서는 말하는 목소리가 옆방에 있는 사람에게 들리기 쉬운 것입니다.

이와 같은 일본집의 특징을 잘 이용하여 활동했던 것이 닌자였습니다. 그들은 아무에게도 들키지 않도록 방에 들어가 맹장지에 귀를 대고 이야기를 들었습니다. 또한 장지(미닫이문)에 몰래 구멍을 내어 거기에서 안의 모습을 보고 여러 가지를 조사했던 것입니다.

어쩌면 옆방에서 누군가 당신의 이야기를 몰래 듣고 있을지도 모릅니다. 은밀한 이야기나 비밀 이야기를 할 때는 주의해서 말하도록 합시다.

내용 체크 1 ②
2 ① 気づかれない ② 耳をあてて ③ 中の様子を見て ④ 調べていたのです

제3화

고보도 붓 실수 ▶ 원숭이도 나무에서 떨어진다

여러분은 야구나 축구 등에서 세계적으로 유명한 프로 선수가 실수를 한 것을 본 적이 있습니까? 일본에는 이렇게 주위가 인정할 만한 뭔가를 잘하는 사람이 실수했을 때 쓰는 속담이 있습니다. '고보도 붓 실수'라는 속담으로, 능숙한 사람도 실수할 때가 있다는 뜻입니다. '원숭이도 나무에서 떨어진다'도 같은 뜻이지만, 나이가 위인 사람 등을 원숭이로 만들어 버리면 실례이므로 사용해서는 안 됩니다.

'고보도 붓 실수'의 '고보'란 '고보대사(平安시대 초기의 고승 空海의 시호)'를 말합니다. 헤이안시대(794~1192) 사람으로 글씨 쓰는 것이 아주 능숙했습니다. 어느 날 천황이 고보 대사를 수도로 불러, 수도에 만든 문에 '응천문(応天門)'이라는 글자를 쓰도록

했습니다. 고보는 근사한 글자를 썼습니다. 문이 완성된 날 고보대사의 글자를 보기 위해 많은 사람들이 모여들었습니다. 사람들은 근사한 글자를 보고 역시 고보대사라고 말했습니다. 그런데 「応」이라는 한자의 '엄호(广)'에 있는 맨 처음의 점이 없었습니다. 그 사실을 알아차린 고보대사는 붓을 던져서 점을 썼습니다. 그것을 본 사람들이 아무리 글씨를 잘 쓰는 고보대사라도 틀릴 때가 있다고 했습니다. 이 이야기에서 '고보도 붓 실수'라는 속담이 생겼습니다.

고보대사와 같은 사람도 틀리는 경우가 있습니다. 그럴 때는 '고보도 붓 실수'라고 말하고 위로해 주세요.

내용 체크 1 ③
2 ① ○ ② × ③ ○ ④ ×

제4화

모르는 게 부처님 ▶ 모르는 게 약
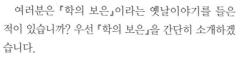

여러분은 『학의 보은』이라는 옛날이야기를 들은 적이 있습니까? 우선 『학의 보은』을 간단히 소개하겠습니다.

어느 날 남자가 학을 살려 주었습니다. 그 학이 아가씨가 되어 살려 준 남자에게 은혜를 갚기 위해 남자의 집에 왔습니다. 아가씨는 남자를 위해 아름다운 천을 짰습니다. 그리고 남자는 그것을 읍내에서 팔았습니다. 그 후 남자는 부자가 되었습니다. 그런데 아가씨는 천을 짤 때는 반드시 '절대로 방 안을 보지 마세요'라고 말하며, 삼일 밤낮으로 계속 천을 짰습니다. 아가씨 일이 걱정된 남자는 어느 날 방 안을 보고 말았습니다. 거기에서 학이 천을 짜고 있었습니다. 남자

가 보고 있는 것을 눈치 챈 아가씨는 남자와 함께 살 수 없다고 말하면서 학이 되어 날아가 버렸습니다.

이 이야기에서는, 남자가 아가씨가 학이라는 것을 알았기 때문에 함께 살 수 없게 되어 버렸습니다. 만약 그것을 몰랐다면 남자는 아가씨와 오래 행복하게 있을 수 있었을지도 모릅니다. 다시 말해서, 모르는 편이 좋은 것을 알아 버려 슬픈 마음이 되었던 것입니다. 그래서 '모르는 게 부처님'인 겁니다.

한국에서는 '모르는 게 부처님'과 같은 뜻으로 '모르는 게 약'이라는 속담이 있는데, 왜 '약'일까요? 한번 조사해보면 어떨까요?

내용 체크 1 ②
2 ③

제5화

선반에서 떨어진 떡 ▶ 굴러온 호박, 뜻밖의 행운

일본 과자에 '보타모치(찹쌀을 섞어 구운 뒤 살짝 찧어 뭉쳐서 팥이나 콩가루 등을 묻힌 떡)'라는 것이 있습니다. 이 보타모치는 보탄(모란)이라는 꽃 모양으로 만들어졌기 때문에 이 이름이 된 것 같습니다. 그리고 보타모찌는 매일 먹는 것이 아니라, 정해진 때밖에 먹을 수 없었던 맛있는 음식이었습니다.

보타모찌는 떡과 팥소로 만드는데, 각각에는 의미가 있습니다. 먼저 떡은 설날이나 축하할 때 떡국처럼 해서 먹습니다. 일본에서는 헤이안시대 무렵에 축하 음식으로 천황과 같은 특별한 사람들이 떡을 먹었습니다. 다음으로 팥소는 팥이라는 작고 빨간 콩으로 만

드는 단 음식을 말합니다. 팥소에서 사용하는 팥은 옛날부터 나쁜 것을 쫓아낸다고 합니다. 그 때문에 건강을 축하하는 행사 등에서 팥소를 사용한 보타모치와 같은 것을 만들어 먹었던 것입니다.

그런데 '선반에서 떨어진 떡'은 선반 밑에서 자고 있다가, 보타모치가 선반에서 떨어져서 입안으로 들어왔다는 옛날이야기에서 나왔습니다. 즉, 상상하지 않았던 행운을 만난다는 의미가 있습니다. 여러분은 가족이나 친구가 사 준 복권이 당첨된 적은 없습니까? 이럴 때 '선반에서 떨어진 떡'을 사용해도 되는데, 좀처럼 선반에서 떡은 떨어지지 않네요.

내용 체크 1 ②
2 ① お正月 ② おぞうに ③ あずき ④ 悪いもの ⑤ 追い払う

제6화

튀어나온 말뚝은 얻어맞는다 ▶ 모난 돌이 정 맞는다

'튀어나온 말뚝은 얻어맞는다'는 속담은 일본 사회나 일본인을 잘 나타내고 있습니다. 이 속담은 일을 잘하거나 남의 눈길을 끄는 사람은 주위 사람들이 별로 좋게 생각하지 않고 방해를 하거나 한다는 의미를 가지고 있습니다. 이 속담을 외국인이 들으면 일본인은 마음이 좁다고 생각할 것입니다. 그럼 왜 이와 같은 속담이 일본에서 사용되기 시작했는지 생각해 봅시다.

'화'라는 한자는 '화실(일본식 방)'이나 '화식(일식)' 등 '일본의…'이라는 뜻으로 사용하지만, 사이 좋게 지내며 싸우지 않는다는 의미도 있습니다. 이 '화'를 지키도록 일본인은 자신의 의견을 강하게 말하지 않으며, 그다지 다른 사람의 눈길을 끌지 않도록 합니다. 일본인이 이렇게 하는 이유는 옛날의 일본이 마을 사

회(폐쇄적이고 인습에 사로잡힌 사회)였기 때문입니다. 마을에서의 생활에서는 곤란한 사람이 있을 때는 마을 사람들이 모두 도와 주었습니다. 그런 마을 생활에서는 '화'를 지키도록 주의하면서 생활했습니다. 그리고 그 '화'를 지키지 않는 사람이 있으면 좋게 생각하지 않고 '튀어나온 말뚝'을 쳤던 것입니다.

그러나 경영의 신으로 유명한 파나소닉의 마츠시타 고노스케(일본의 사업가(1894~1989), 마쓰시타(松下) 전기 창립자)는 '튀어나온 말뚝은 얻어맞지만, 너무 많이 튀어나온 말뚝은 얻어맞지 않는다'라고 했습니다. 요즘 시대에서는 '튀어나온 말뚝은 얻어맞는다'고 생각하지 말고, 자신의 의견을 확실하게 말하는 것이 필요할지도 모릅니다.

내용 체크 1 ④
2 ③

134

제7화

잡지 않은 너구리의 가죽 세기 ▶ 떡 줄 사람은 꿈도 안 꾸는데 김칫국부터 마신다

지브리의 애니메이션『헤이세이 너구리 대작전 폼포코』를 본 적이 있습니까? 평화롭게 살고 있던 너구리들의 산에 새로운 마을이 생기게 되어, 그것을 그만두게 하기 위해 너구리들이 요괴 같은 것이 되어 사람들을 깜짝 놀라게 하거나 하는 이야기입니다. 이 애니메이션 이외에도 너구리는『딱딱산』이나『분부쿠차가마(군마현 관림시 무림사에 전해지는 찻솥)』등의 옛날이야기에도 등장하며, '다누키 우동(다진 파와 튀김 부스러기를 얹은 우동)'이나 '다누키 소바(다진 파와 튀김 부스러기를 얹은 메밀국수)'처럼 음식 이름에도 사용되고 있습니다.

그리고 너구리는 사람이 살고 있는 근처 숲에 있기 때문에, 자주 마을로 내려옵니다. 밤에 마을을 걷고 있으면 너구리가 가족과 함께 있는 모습을 볼 때도 있습니다. 이처럼 일본에서는 너구리는 옛날부터 사람 가까이에 있는 동물인 것입니다.

그런 너구리가 나오는 속담이 '잡지 않은 너구리의 가죽 세기'입니다. 옛날에 너구리 가죽은 겨울에 입는 옷으로 사용했습니다. 너구리를 잡는 것은 매우 힘들었기 때문에, 그 가죽은 가격이 매우 비쌌던 것 같습니다. 그런 너구리를 아직 잡지도 않았는데, 그 가죽을 팔았다고 생각하고 돈을 계산하다니, 너무 우습죠? 즉 이 속담은, '아직 손에 넣지 않은 것을 손에 넣었다고 생각해서 이런 저런 계획을 세운다'라는 의미입니다.

여러분도 복권을 샀을 때 당첨되면 멋진 차를 살까라든가 해외로 여행을 갈까 라든가 여러 가지로 생각했던 적이 있을 것입니다. 꿈이 있어서 아주 좋다고 생각합니다만, 잡지 않은 너구리의 가죽 세기가 되지 않도록 해 주세요.

내용 체크 1 ④ 2 ① 住んでいる ② 町 ③ 家族 ④ 人の近く

제8화

우는 얼굴에 벌 ▶ 엎친 데 덮친 격

여러분은 어느 날 지갑을 잃어버려서 찾고 있었는데 스마트폰도 잃어버렸다고 하는 경험은 없습니까? 이렇게 안 좋은 일이 계속해서 일어났을 때 사용하는 속담이 '우는 얼굴에 벌'입니다. 이 속담은 울어서 얼굴이 부어 있는데, 그 위에 벌에 더 쏘인다는 이야기에서 생겨났습니다.

벌과 같은 벌레는 일본의 속담뿐만 아니라 '겁쟁이'나 '울보' 등의 단어에도 자주 등장합니다. 또 옛날부터 계절과 관계가 있는 말에서도 볼 수 있습니다. 일본의 와카(일본 고유 형식의 시, 특히 5·7·5·7·7의 5구 31음의 단시)나 하이쿠(일본의 5·7·5의 3구 17음의 단시)에서는, 여름에는 매미가, 가을에는 방울벌레가 나옵니다. 지금도 일본인은 벌레가 나오는 와카나 하이쿠를 읽고 그 계절을 즐깁니다.

게다가 5월에서 8월에 '해충 몰아내기(농작물의 해충을 몰아내는 행사, 종이나 북을 치며 햇불 행렬을 함)'라는 것이 있습니다. '해충 몰아내기'에서는 벌레가 싫어하는 풀을 태워서 밭에서 쫓아내고, 그 해에 쌀과 채소가 많이 나기를 기원합니다. 또 1988년에는 만화가인 데즈카 오사무(일본의 만화가, 일본 만화 애니메이션의 아버지로 불림, 대표작으로 우주소년 아톰(鉄腕アトム), 밀림의 왕자 레오(ジャングル大帝)가 있음)를 중심으로, 벌레가 살 수 있는 마을을 만들자는 운동도 있었습니다. 그리고 벌레와 닮은 읽는 법인 6과 4의 숫자가 들어있는 6월 4일을 벌레의 날로 정했습니다.

이처럼 일본에서 벌레는 사람과 매우 가까운 관계로, 옛날부터 잡아서 기르는 일도 있었습니다. 그러나 외국에서는 이런 문화가 별로 없어, 일본인 집에 놀러 갔을 때 벌레를 기르고 있는 것을 보고 놀라는 사람도 있는 것 같은데요, 여러분은 놀라지 않도록 합시다.

내용 체크 1 ①
2 ②

제9화

고양이 손이라도 빌리고 싶다 ▶ 너무 바쁘다

일이나 숙제 등 해야 할 일이 많이 있어서, 누구라도 좋으니까 도와줬으면 하고 생각한 적은 없습니까? 그럴 때 집에서 고양이가 빈둥거리고 있으면 어떨까요? 만약 고양이에게 부탁할 수 있다면, '부탁이야! 도와줘!'라고 하는 기분이 들 것입니다. 거기에서 쓰는 속담이 '고양이 손이라도 빌리고 싶다'입니다. 즉, '고양이 손이라도 빌리고 싶다'는 바쁠 때를 나타내는 표현인데, 왜 사람이 하는 말을 잘 듣는 개나 밭일에서 가장 도움이 되는 소가 아니라 '고양이 손'일까요? 게다가 고양이의 손을 보면 도저히 일을 잘 할 수 있게는 보이지 않습니다. 그러나 이런 고양이까지 힘이 되어야 할 정도로 바쁜 것을 보면, 누구든 도와줘야 하는 상황인가 봅니다.

다만 옛날부터 쥐를 잡기 위해 고양이를 이용했다고 하는데, 지금은 '고양이의 손을 빌리고' 있는 일이 더 많습니다. 예를 들어 '도라에몽'처럼 편리한 도구를 꺼내 도와주기도 하고, 가게나 식당에 놓여 있는 '마네키네코'처럼 가게 입구에 놓고 사람들이 많이 오도록 도움을 받는 경우도 있습니다. 즉, 사람은 '고양이의 손'을 빌리고 있는 것입니다.

그렇지만 매우 바쁠 때 "누구라도 좋으니까 도와줬으면 해!"라고 직접적으로 말하는 것은 상대방에게 실례가 됩니다. 그래서 '요즘 손님이 많아서 고양이 손이라도 빌리고 싶어'나, '회사에서 문제가 너무 많아서 고양이 손이라도 빌리고 싶을 정도입니다'와 같이 사용합니다.

시대가 바뀌어 고양이 손도 이용할 수 있게 되었습니다. '고양이 손이라도 빌리고 싶다' 뿐만 아니라 고양이를 사용한 단어나 표현을 계속 사용해 보면 어떻습니까?

내용 체크 1 ④
2 ②

제10화

잠결에 물 ▶ 아닌 밤중에 홍두깨, 뜻밖의 돌발 사건으로 놀람

'잠결에 물'이라고 들으면 어떤 상황을 생각합니까? 살다 보면 물소리란 것은 예사로 듣습니다. 하지만 이 속담에서의 '물'에는 의미가 있습니다. 물 이야기를 하기 전에 이 '잠결에 물'의 의미부터 설명하려고 합니다.

가족이나 친구가 이야기하는 내용을 듣거나, 뉴스나 잡지의 기사를 읽었을 때, 몰랐던 것이 있어서 매우 놀란 적이 있을 것입니다. 이럴 때 쓰는 속담이 '잠결에 물'입니다. 이 속담은 '자고 있을 때 물소리가 들려서 놀랐다'거나 '자고 있을 때 귀에 물이 들어와서 놀랐다'는 이야기에서 생겼습니다.

이 속담에서 사용되고 있는 '물'은 큰 비가 내리거나 태풍이 왔을 때 흘러오는 많은 강물을 말합니다. 옛날에는 일기예보가 없었기 때문에 큰 비가 내리는 날에 자고 있을 때 들리는 물소리는 매우 위험한 것

이었습니다. 도요토미 히데요시(근대의 무장, 정치가 (1536~1598))의 전기에도 '잠결에 물이 들어온 것 같다'는 표현이 있는데, 자고 있을 때 갑자기 귀에 물이 들어온다면 당연히 놀라겠지요?

지금도 일본에서는 지진으로 쓰나미가 발생해서 마을로 물이 들어올 때가 있습니다. 일본 동북 지방에서는 옛날에 발생한 지진과 쓰나미의 경험에서 '여기서부터 아래에서는 살지 말아라'라(고 쓰여 있는) 돌이 놓여 있다고 합니다. 그래서 옛날부터 살고 있는 사람은 그 돌에서 아래로는 집을 짓지 않기로 하고 있습니다. 즉, 예나 지금이나 물은 매우 무서운 존재인 것입니다.

'잠결에 물'은 매우 놀랐을 때 사용하는데, 여러분은 자고 있을 때 물소리가 들리는 것과 귀에 물이 들어오는 것 중 어느 쪽이 놀랍습니까?

내용 체크 1 ③
2 ④

제11화

목(구멍)에서 손이 나온다 ▶ 몹시 갖고 싶다

일본어에서 '손'은 원하는 물건을 자신의 것으로 했을 때 '손에 넣다' '손에 들어오다' 등과 같이 사용합니다. 그런 손을 사용한 속담에 '목(구멍)에서 손이 나오다'가 있습니다. 이 속담에는 진심으로 그것을 원하기 때문에 양쪽 손뿐만 아니라 목(구멍)에서 한 손이 더 나온다는 의미가 있습니다. 그렇지만 아무리 갖고 싶어도 목(구멍)에서 손은 안 나오죠. 그러면 왜 이런 속담이 생겨났을까요?

지금의 일본에서는 먹는 것에 곤란을 겪는 일은 거의 없습니다. 그러나 옛날에는 비가 내리지 않거나 태풍이 오거나 해서 논밭에서 쌀 등을 재배할 수 없는 일이 많았습니다. 그래서 많은 사람들이 음식을 먹지 못한 채 죽고 말았습니다. 그런 가운데 음식이 눈앞에

있다면 어떨까요? 배가 고픈 사람들은 '빨리 음식을 입에 넣고 싶다'는 마음에 손도 쓰지 않고 음식을 집으러 가게 됩니다. 그 먹고 싶어하는 모습에서 '목(구멍)에서 손이 나온다'는 속담이 생겼다고 합니다.

한편, 이 속담에는, '목(구멍)에서 손이 나오는' 요괴가 있었던 것이 아닌가 하는 이야기도 있습니다. 너무나 갖고 싶어 견딜 수가 없어서 목(구멍)에서 손이 나온 요괴의 모습을 떠올리며 이 속담을 기억해 보세요.

지금은 물건이 많아서 쉽게 살 수 있게 되었습니다. 그래도 '목(구멍)에서 손이 나올' 정도로 갖고 싶다고 생각하는 것이 있을 것입니다. 여러분의 '목(구멍)에서 손이 나올' 정도로 갖고 싶은 것은 무엇입니까?

내용 체크 1 ②
2 ① 台風(たいふう) ② 作(つく)れない ③ すいた ④ 手(て)も使(つか)わない

제12화

목구멍만 넘어가면 뜨거움을 잊는다
▶ 개구리가 올챙이 적 생각 못 한다, 괴로움도 그때가 지나가면 간단히 잊어버린다

한국에는 '개구리가 올챙이 시절을 생각해내지 못한다'는 속담이 있는데, 일본에서 같은 뜻을 가진 속담을 아십니까? 그것은 '목구멍만 넘어가면 뜨거움을 잊는다'입니다. 전골과 같은 매우 뜨거운 것을 먹으면 씹을 수도 마실 수도 없게 되어 버려서 매우 괴롭습니다. 그러나 한번 목 안을 지나가면 그 뜨거움은 전혀 느끼지 않게 되어 버립니다. 그 모습에서 힘든 일도 지나가 버리면, 그 어려움도 잊어버린다는 의미를 갖게 되었습니다.

이밖에도 이 속담에는 자기가 힘들었을 때 도움을 받았는데, 힘들지 않게 되면 도움받았던 것을 쉽게 잊어 버린다는 의미도 있습니다. 그래서 힘들었던 일이나 도움받았던 것을 잊어서는 안 된다는 뜻으로, 그것을 잊은 사람을 나쁘게 말하거나 주의를 주거나 할 때 이 속담은 자주 사용됩니다.

그렇지만, 후쿠자와 유키치(일본의 계몽가, 교육가(1834~1901))처럼 그렇지 않게 사용한 사람도 있습니다. 후쿠자와 유키치는 메이지시대에 게이오기주쿠를 만들어 젊은 사람들에게 교육을 한 사람으로, 그의 책 속에 이 속담과 관계가 있는 유명한 이야기가 나옵니다. 거기에는 '목구멍만 넘어가면 뜨거움을 잊는다고 하듯이, 힘든 일도 지나가 버리면 대단한 일이 아니다. 돈이 없을 때의 생활은 힘들어도 나중에 그때의 일을 회상하면 웃어버리는 일도 있다'고 쓰여 있습니다.

후쿠자와 유키치처럼 '뜨거움을 잊는' 것은 보통 일이라고 말하는 사람도 있을지 모릅니다. 그렇지만 주위로부터 "당신은 목구멍만 넘어가면 뜨거움은 잊는군요. 조심하세요."라고 비판받지 않도록 주의해 주세요.

내용 체크 1 ③
2 ① わかい人(ひと) ② 大変(たいへん) ③ 思(おも)い出(だ)す ④ わらってしまう

꽃보다 경단 ▶ 금강산도 식후경

'꽃보다 경단'이라는 속담을 한번은 들어본 적이 있을 거라고 생각합니다. 이 속담은 꽃구경을 와서 벚꽃을 보며 즐기는 것보다 경단을 먹는 것이 더 좋다는 말입니다. 그래서 이 속담에는 겉보기보다 실리를 중시한다는 의미와 함께, 그 자체의 진정한 가치를 모르는 사람을 비웃는 의미도 있습니다.

꽃구경과 경단은 일본을 대표하는 단어인데, 왜 '꽃보다 경단'이라고 하는 걸까요? 그 이유를 살펴보겠습니다. 알고 있는지 어떤지 모르지만, 경단에는 여러 종류가 있습니다. 그 중 하나인 '미타라시 경단'은 교토의 축제 때 만들어지게 된 것이 시초라고 합니다. 또한 지금처럼 벚꽃을 즐기는 꽃구경은 헤이안시대에 귀족들 사이에서 시작되었고 그때까지는 매화꽃이었습니다.

그리고 꽃구경에서는 '미타라시 경단'과 같은 달콤한 과자를 먹었습니다. 에도시대가 되면서 보통 사람들 사이에서도 꽃구경을 즐기게 되어, 그것을 계기로 귀족들이 먹던 경단도 먹게 되었다고 합니다. 그 당시 꽃구경 때 팔던 경단이 굉장히 인기가 있었고, 그래서 '꽃보다 경단'이라는 속담이 생겼습니다. 어쩌면 에도시대의 사람들도 예쁘게 피어 있는 벚꽃보다도 가게에서 팔고 있는 경단 쪽으로 눈길이 갔을지도 모릅니다.

지금도 일본에서는 봄이 되면 공원 등에서 꽃구경을 합니다. 꽃구경에서는 벚꽃을 보고 즐기지만, 벚나무 밑에 앉아 도시락 같은 것을 먹거나 술을 마시거나 해도 상관없습니다. 그러나 먹고만 있으면 주위 사람들에게 "꽃보다 경단이에요?" "꽃을 안 봐도 돼요?"라고 들을지도 모릅니다. 그러니까 벚꽃도 즐기는 편이 좋아요. 가끔은 제 철의 것을 즐기는 것도 중요하니까요.

내용 체크 1 ② 2 ④

제14화

남의 소문도 75일 ▶ 남의 말도 석달, 소문이란 오래 못 간다

여러분은 친구와 누군가의 소문을 자주 이야기합니까? '소문을 낸다'는 것은 사실인지 어떤지 보다도 누군가에게 들은 이야기를 다른 사람에게 이야기하는 것을 말합니다. 그런 이야기는 옛날에 벽에 적혀 있던 낙서였습니다. 그리고 지금은 많은 사람들이 인터넷을 사용하게 되어, 인터넷 게시판이나 SNS 등에 여러 가지 소문이 적혀 있습니다. 그런 '소문'을 사용한 말 중에 유명한 것이 '남의 소문도 75일'이라는 속담입니다. 어떤 소문이든 사람은 잊어버리기 쉬우니 아무것도 하지 말고 그대로 두는 편이 좋다는 뜻입니다. 그런데 왜 75일일까요? 그 이유를 소개하겠습니다.

그것은 계절과 관계가 있습니다. 일본에는 봄·여름·가을·겨울이라는 4개의 계절이 있습니다. 그리고 입춘, 입하, 입추, 입동이라는 각각의 계절이 시작되는 날이 있는데, 그 전의 약 18일을 '토왕'이라고 합니다.

이것은 계절이 바뀌는 모습을 확실하게 확인하기 위한 날 중 하나입니다. 옛날에는 '사계절'과 '토왕'을 합쳐서 5개의 계절이 있다고 생각해서 5계라고 했습니다. 그래서 1년 365일을 5로 나누면 73일이 됩니다. 옛날에는 음력이었기 때문에 70일에서 75일 정도가 한 계절이 됩니다. 이로 인해 계절이 지나면 사람들의 소문은 자연스럽게 잊혀져 간다고 생각되었습니다.

이 '남의 소문도 75일'은 에도시대에 생겨났다고 합니다. 더 옛날에는 100일이었습니다. 아무리 소문이라도 없어지는데 3개월이나 걸리는 건 길지요. 지금은 인터넷 시대라 75일로 끝나지 않고 몇 년 후에 다시 소문이 날 수도 있습니다. 요즘 시대의 무서움이라고 생각되는 점입니다. 하지만 떠들면 떠들수록 소문은 길어지기 때문에, 그때까지는 조용히 하고 있읍시다.

내용 체크 1 ④
2 ① 季節(きせつ) ② 立春(りっしゅん) ③ 土用(どよう) ④ はっきり

제15화 내년의 일을 말하면 도깨비가 웃는다

▶ 내년 일을 말하면 귀신이 웃는다, 내일 일도 모르는 터에 장래 일은 미리 알 수 없다

매년 12월이 되면 '내년에는 회사에 들어가겠다'나 '애인을 만들겠다' 등 다음 해의 계획이나 목표를 세우는 사람이 많다고 생각합니다. 그런 가운데 이루어질 리가 없는 계획을 세우는 사람에게 사용하는 속담이 있습니다. 그것이 '내년의 일을 말하면 도깨비가 웃는다'입니다. 이 속담에는 내일의 일조차 모르는데 앞날을 말해도 소용없다거나, 모르는 미래를 말하면 도깨비도 이상하게 생각해서 웃어버린다는 의미가 있습니다.

일본에서는, 도깨비는 붉은 색이나 파란 색을 하고 있고, 머리에 두 개의 뿔이 있으며 쇠방망이를 들고, 아주 무서운 얼굴을 하고 있습니다. 그래서 사람들은 모두 무서워합니다. 그럼 왜 이 속담에서는 도깨비는 웃고 있을까요?

도깨비가 웃는 것은 정말로 드문 일이지만, 그런 도깨비라도 내년 이야기를 하면 이상해서 웃어버리겠지요. 또한 도깨비는 인간이 얼마나 살 수 있는지를 알고 있다고들 합니다. 이제 곧 죽을 사람이 내년 이야기를 하는 것을 보고, 그런 이야기를 해도 소용이 없는데 바보라고 웃고 있는 것입니다.

구마모토의 옛날이야기에도 웃는 도깨비가 나옵니다. 이 도깨비는 단고지루(경단국)를 아주 좋아했습니다. 어느 날 단고지루(경단국)를 너무 많이 먹어서 스님들이 딱딱한 대나무를 넣었더니 먹기 힘들어져 도깨비의 이가 부러져 버렸습니다. 그렇지만 스님이 내년이 되면 다시 이가 날 거라고 알려 주서서 도깨비는 웃었다는 이야기입니다. 이렇게 도깨비가 웃은 것은 기뻤던 것인지도 모릅니다만, 사람을 바보 취급해서 웃었겠지요.

비슷한 속담으로 '내일 일을 말하면 천장에서 쥐가 웃는다'나 '내년 일을 말하면 까마귀가 웃는다' 등이 있습니다. 여러분도 내일 무슨 일이 일어날지 모르는데 내년 이야기를 하면, 도깨비뿐만 아니라 쥐나 까마귀에게도 웃음거리가 되어 버리니까 주의합시다.

내용 체크   1 ③
             2 ②

제1화 犬も歩けば棒にあたる

❶

1 意味
2 いがい
3 自由
4 おみくじ

❷

1 書かれる
2 読まれる
3 使われる
4 食べられる
5 される
6 来られる

❸

1 B　　2 A　　3 B　　4 D

❹

1 昔は、ほそい木で追い払ったり、棒でたたいたりしました。
2 兄にジュースを飲まれました。
3 母の車を使おうとして、母におこられました。
4 今日の午後、時間があれば、本屋に行きます。

제2화 かべに耳あり障子に目あり

❶

1 かわりに
2 穴
3 急に
4 入れる

❷

1 B　　2 D　　3 C　　4 D

❸

1 D(BDCA)
2 B(CBDA)
3 C(ACBD)
4 C(BACD)

---

❹

1 毎朝、7時に起きるようにしています。
2 あなたは、パクさんの話を聞いておどろくかもしれません。
3 ふとりますから、おかしを食べないようにします。
4 明日は朝早く授業がありますから、今日は早くねないといけません。

제3화 弘法も筆のあやまり

❶

1 失礼
2 なぐさめる
3 すばらしい
4 いくら

❷

1 A　　2 C　　3 D　　4 A

❸

1 お店から出てくるのを見ました
2 弟の宿題を見てあげました
3 散歩をしていたら、木にあたりました
4 弘法大師の話を聞いたことが

❹

1 おそくまで外であそんではいけません。
2 あの人には、昔会ったことがあります。
3 犬の名前を呼んだら、気がついて走ってきます。
4 昨日の夜、お酒をたくさん飲んでしまいました。

제4화 知らぬが仏

❶

1 かならず   2 かんたん

3 一度   4 紹介

❷

1 A   2 B   3 D   4 B

❸

1 A(BDAC)   2 D(BDAC)

3 B(CBDA)   4 D(BADC)

❹

1 ぬのを売るために、町へ行きます。

2 その歌手は、3時間も歌を歌いつづけました。

3 最近、本田さんはとてもうつくしくなりました。

4 林さんは音楽を聞きながら、レポートを書いています。

제5화 棚からぼたもち

❶

1 おかし   2 経験

3 ごちそう   4 なかなか

❷

1 C   2 A   3 B   4 D

❸

1 天皇しか住むことができない

2 山中さんは東京へ帰ったらしいです

3 に京都へ行くバスをおしえてもらった

4 お正月は1月1日のことです

---

❹

1 イさんにセーターを作ってもらいました。

2 だれもいませんから、このつくえを使ってもいいです。

3 あの人は、いつも朝しかお店に来ません。

4 ふすまは、部屋をわけるかべのことです。

제6화 出るくいは打たれる

❶

1 じゃま   2 せまい

3 はっきり   4 こまります

❷

1 B   2 D   3 C   4 A

❸

1 A(BDCA)   2 B(ADBC)

3 A(DACB)   4 D(ABDC)

❹

1 自分のことは自分ですることができるでしょう。

2 クリスマスにおいしいものをたくさん食べすぎました。

3 今度いっしょにぼたもちを作りましょう。

4 朝ごはんを食べないで、学校に行きます。

제7화 取らぬたぬきの皮算用

❶

1 びっくり   2 やめる

3 値段   4 手に入れる

②

1　B　　　2　C　　　3　D　　　4　A

③

1　D(ACBD)　　　　　2　A(CABD)

3　D(BADC)　　　　　4　A(BACD)

④

1　来週、サッカーの大会に出ることになりました。

2　日本人は和を大切にするようです。

3　ホンさんが乗っているバスはまだ着いていません。

4　兄は海に行くと、ボートに乗ります。

第8화 泣き面にハチ

①

1　文化　　　　　2　季節

3　泣き虫　　　　4　たのしみ

②

1　A　　　2　C　　　3　D　　　4　A

③

1　漢字がにがてですから漢字を中心に

2　ダンスを習いに行きます

3　先生のコーヒーをお持ちしました

4　人がスマートフォンの使い方をおしえてくれました

④

1　カレーをたくさん作ったので、となりの家へわけに行きます。

2　この漢字の読み方をおしえてください。

3　おちゃだけでなく、もちも出します。

4　好きなものをお作りしますよ。

第9화 猫の手もかりたい

①

1　かわりました　　　2　気持ち

3　役に立ちます　　　4　どんどん

②

1　D　　　2　D　　　3　B　　　4　C

③

1　A(BCAD)　　　　　2　B(DCBA)

3　D(BDAC)　　　　　4　D(CADB)

④

1　この店のぼたもちはおいしいですから、たくさん食べられます。

2　野菜がたくさんできたからわけてほしいです。

3　この部屋の障子は、あけないほうがいいそうです。

4　犬の散歩をするときは、首輪をしなければなりません。

第10화 寝耳に水

①

1　危険　　　　　2　どういう

3　存在　　　　　4　こわい

②

1　B　　　2　D　　　3　C　　　4　D

③

1　この下に家を作るな

2　水の音ってどこから聞こえました

3 自分の部屋に入るまえに、となりの

4 まんがとどちらが好きですか

4

1 朝起きたらミルクを飲むことにしています。

2 先週の大雨のことを調べようと思います。

3 お店では、大きな声で話すな。

4 ここに来るまえに、さいふとスマートフォンをなくしました。

제11화 のどから手が出る

1

1 のど
2 両方

3 ほとんど
4 おぼえた

2

1 C
2 B
3 D
4 C

3

1 D(BCDA)
2 A(BCAD)

3 B(CBAD)
4 C(DACB)

4

1 どんなに意見を言っても、だれも聞いてくれません。

2 まどをあけたまま、あそびに行きました。

3 子どもたちは、いつもそふの家に行きたがります。

4 新しい車に乗ってドライブに行きたくてたまりません。(たまらないです)

제12화 のど元すぎれば熱さをわすれる

1

1 使い方
2 かんでいる

3 思い出す
4 気をつけた

2

1 B
2 A
3 C
4 D

3

1 このざっしはご自由にお読みください

2 泣き虫や弱虫というようなことばがあります

3 プリンを食べようと思ったのに、だれかが

4 このことわざの意味をぞんじています

4

1 今日は10時までに帰ってきなさい。

2 昨日先生に注意されたのに、また宿題をわすれました。

3 あの山の高さは、どのぐらいですか。

4 この和室をお使いください。

제13화 花よりだんご

1

1 大切
2 はじまる

3 お花見
4 あいだ

2

1 C
2 B
3 C
4 A

3

1 D(CBDA)
2 C(BDCA)

3 D(CBDA)
4 B(ACBD)

4

1　このだんごを食べるかどうかおしえてください。

2　兄ははたらかないで、いつもあそんでばかりいます。（あそんでばかりです）

3　今、田中さんに電話をしてもかまわない。

4　自分で作りますから、スーパーで買わなくてもいいです。

제14화　人のうわさも七十五日

1

1　静か　　　　　　　2　かかる

3　うわさ　　　　　　4　さわぐ

2

1　B　　　2　D　　　3　A　　　4　B

3

1　いくら駅の前でも学校まで

2　時間がすぎればすぎるほど

3　ので、カレーを作っておきました

4　宿題のレポートを書くのにパソコンを

4

1　社会に出てからも外国語の勉強を続けていきます。

2　ごはんを食べるのにはしを使います。

3　山からおりるのに、2日もかかりました。

4　はいくを書けば書くほど、とてもたのしくなります。

제15화　来年のことを言うと鬼がわらう

1

1　めずらしい　　　　2　将来

3　うれしい　　　　　4　おれました

2

1　A　　　2　C　　　3　B　　　4　A

3

1　C(DBCA)　　　　　2　A(BADC)

3　A(BCAD)　　　　　4　D(CADB)

4

1　みんなとても寒がっています。

2　この漢字はむずかしくて、おぼえにくいです。

3　彼はまじめだから、宿題を忘れるはずがないです。（ありません）

4　勉強しなかったから、試験におちてもしかたがないです。（ありません）